365
formas de
atraer
la
buena
suerte

Richard Webster

365 formas de atraer la buena suerte

Pasos simples para controlar el azar y mejorar tu fortuna

alamah

365 FORMAS DE ATRAER LA BUENA SUERTE

Primera edición: enero de 2015.

Título en inglés: *365 Ways to Attract Good Luck*, publicado en inglés por Llewellyn Publications, Woodbury, MN.

D. R. © 2014, Richard Webster

D. R. © 2015, derechos de edición mundiales en lengua castellana:
Santillana Ediciones Generales, S.A de C.V., una empresa de
Penguin Random House Grupo Editorial, S.A. de C.V.
Miguel de Cervantes Saavedra 301, piso 1, col. Granada,
del. Miguel Hidalgo, C. P. 11520, México, D.F.

D. R. © Fotografías de portada: Shutterstock/135287159/©Yutilova Elena
D. R. © Fotografía del autor: Jason Fell
D. R. © Diseño de cubierta: Adaptación de la cubierta original de Lisa Novak.

D. R. © Traducción: Alejandra Ramos Aragón

Comentarios sobre la edición y el contenido de este libro a:
megustaleer@penguinrandomhouse.com

ISBN: 978-607-11-3520-9

Impreso en México / Printed in Mexico

Para mi buen amigo
Brett Sloman

Índice

PRIMERA PARTE.
CÓMO ACTUAR PARA TENER SUERTE

---

más duro trabajes, más suerte tendrás 28. Haz algo nuevo
29. Busca oportunidades 30. Carisma 31. Presta atención a tus
corazonadas 32. Escucha 33. Di «sí» 34. Vive el momento
35. Visualización 36. Sé curioso 37. Todos son importantes 38. Haz
que hoy sea un día especial 39. Inspira con el ejemplo 40. Piensa
en que todos ganen 41. Sé flexible. 42. Ayuda a otros
43. Busca un mentor 44. Sé mentor 45. Practica la Regla de Oro
46. Siéntete afortunado 47. Respeto por uno mismo 48. Nunca
es demasiado tarde 49. La vida es un viaje 50. Elige tu dirección
51. Valores sumados a objetivos 52. Elimina los hábitos negativos
53. Acéptate a ti mismo 54. Sé amable 55. La energía de Drishti
56. Pasa tiempo con un niño. 57. Cambia algo 58. Entra a la Zona
59. Actos aleatorios de bondad

SEGUNDA PARTE.
HERRAMIENTAS DE LA SUERTE

TERCERA PARTE.
SUERTE POR CATEGORÍAS

Introducción 151. Besa a cuanta gente te sea posible 152. Sé adorable 153. Cartas de amor 154. La ley de la atracción 155. Rosas rojas 156. Amor a primera vista 157. Espejito, espejito... en la pared 158. El poder de las flores 159. Días de suerte para proposiciones 160. El día de la boda 161. El anillo de compromiso 162. El vestido de novia 163. El anillo de bodas 164. Las damas de honor 165. Arroz y confeti 166. El pastel de bodas 167. ¡Lléveme a la iglesia a tiempo! 168. El ramo de la novia 169. El cruce del umbral 170. La luna de miel

Introducción 171. El acumulamiento 172. Feng Shui 173. Activación del Ch'i 174. Palo de defumación 175. El camino de acceso 176. La puerta del frente 177. La puerta trasera 178. Los corredores 179. La cocina 180. El comedor 181. La sala 182. El baño 183. El dormitorio 184. La cama 185. Para salir de la cama 186. La oficina en casa 187. Barrer 188. Flores 189. La mudanza 190. Recepción en la casa nueva

308. NÚMEROS DE LA SUERTE

309. Uno 310. Dos 311. Tres 312. Cuatro 313. Cinco 314. Seis 315. Siete 316. Ocho 317. Nueve 318. Diez 319. Once 320. Doce 321. Trece 322. Veintidós

323. Las vainas 324. La espoleta 325. El clavel 326. La violeta 327. El narciso 328. La margarita 329. El lirio del valle 330. La madreselva 331. El lirio acuático 332. La gladiola 333. Las campanillas 334. La caléndula 335. El crisantemo 336. El narciso 337. El acebo 338. El mirto 339. Suerte de principiante 340. Aliento 341. El pozo de la suerte 342. Duplica tu suerte 343. Juegos de cartas 344. El deshollinador 345. Círculo de la suerte 346. La pluma de la suerte 347. Hierro 348. Hojas 349. Naranja 350. Salvia 351. Docena del panadero 352. Agujetas 353. Zapatos 354. Plata 355. El dedal 356. Bajo el auspicio de la luna llena 357. Sueños afortunados 358. Estrechar manos 359. Florece donde fuiste plantado 360. El pastel 361. El mandil 362. Los dados 363. Al unísono 364. Abraza un árbol 365. Suerte heredada

Introducción:

¿Qué es la suerte y qué puedes hacer con ella?

La suerte ha sido definida como la combinación de circunstancias azarosas que llevan el bien o el mal a la vida de una persona. Si esta definición es correcta, entonces la suerte es impredecible. El novelista inglés E. M. Forster (1879-1970), se refirió a este tema al escribir: "Hay mucha suerte en el mundo, pero es sólo suerte. Nadie está a salvo. Somos niños que juegan o pelean en la frontera."[1]

Mucha gente ha tratado de explicar qué es la suerte a lo largo de los siglos. Algunos creen que el arquitecto del universo crea las situaciones en que se puede presentar buena o mala suerte; otros piensan que confiar en su intuición les traerá buena fortuna, y hay incluso quienes afirman que no existe y el azar es el responsable de cada suceso positivo o negativo. El autor Max Gunther escribió: "La suerte es el insulto supremo a la razón humana: No se puede planear, no se puede cultivar y no se puede encontrar a alguien que la enseñe. Lo único que se puede hacer es desear que llegue."[2]

¡Pero yo no estoy de acuerdo! Todos tenemos influencia en nuestra suerte, y eso es reconfortante porque a veces la vida te da la sensación de que dependes de los caprichos del azar. Aunque la suerte no gobierna nuestras vidas de forma directa, afecta casi todo lo que hacemos. Debido a esto, a lo largo de la historia la gente ha tratado de mejorar su fortuna por medio de rituales, amuletos, pensamiento positivo y filosofías como el feng shui y la adivinación que, por cierto, son algunas de las técnicas que estudiaremos en este libro.

BUENA SUERTE

La suerte es una fuerza misteriosa que parece operar, para bien o para mal, en la vida de la gente. A sir Winston Churchill (1874-1965) se le conocía como "ese suertudo endiablado de Churchill", porque casi siempre daba la impresión de que las situaciones se resolvían de manera favorable para él. En años recientes los científicos comenzaron a analizar algunas de estas prácticas para determinar si, efectivamente, pueden ayudar a la gente a mejorar su suerte. Lysann Damisch, profesora de la Universidad de Colonia, se interesó en las supersticiones de los atletas profesionales, como Michael Jordan, y diseñó un examen para ver si esas prácticas en verdad le daban más suerte. En uno de los experimentos, pidió a los voluntarios que llevaran consigo un amuleto para resolver el examen. Los objetos fueron recogidos para ser fotografiados, pero sólo a la mitad de los voluntarios se les devolvieron antes de comenzar el examen. La gente que tuvo su amuleto durante la prueba, tuvo mejores resultados porque sintió más confianza. La profesora Damisch descubrió que incluso desearle a alguien "buena suerte" bastaba para mejorar sus resultados porque eso le infundía confianza.[3]

Al parecer las prácticas supersticiosas incrementan la suerte porque dan más confianza y la ilusión de controlar situaciones estresantes. Giora Keinan, de la Universidad de Tel Aviv, descubrió que la gente tocaba madera con más frecuencia después de hacerle preguntas para incrementar su estrés, como: "¿Alguna vez ha estado involucrado en un accidente automovilístico de importancia?"[4]

Lo aleatorio de la casualidad en el destino puede crear suerte buena o mala. Un ejemplo de esto sería ganarse la lotería; ganar una fuerte cantidad de dinero cuando las probabilidades son de millones a uno en nuestra contra es, por supuesto, un ejemplo de suerte. Sin embargo, no necesariamente es buena suerte, ya que, desde la perspectiva de la estadística, dos de cada tres ganadores de la lotería se gastan el dinero o lo pierden en menos de cinco años.

La gente con frecuencia atribuye el asombroso éxito de otras personas a la suerte, e ignora que, tal vez, el talento, el trabajo arduo, la perseverancia y otros factores fueron más importantes para lograr ese éxito que la suerte. Muy a menudo, ese tipo de éxito que, en apariencia, se presenta de la noche a la mañana, en realidad es resultado de muchos años de trabajo duro que finalmente rinde frutos de una manera que parece resultado de la fortuna.

Por supuesto, aunque hay formas en las que uno puede influir en la suerte, debemos recordar que hay ciertas cosas que no se pueden cambiar. Tus ancestros y el país donde naciste son ejemplos obvios de ello. En algunos países los padres se sienten más afortunados si tienen varón en lugar de niña. Esto sucede porque el niño crecerá y ayudará a mantener a la familia, en tanto que la niña crecerá y, finalmente, ayudará a la familia del hombre con quien se case. Por esta razón alguien que nace en un país del primer mundo probablemente se considerará más afortunado que alguien que nació en uno en vías de desarrollo. Asimismo, se considera que alguien que nace en el seno de una familia amorosa, es más afortunado que quien nace de padres que se odian. A los padres adinerados también se les podría considerar más afortunados que quienes deben esforzarse mucho para ganarse el pan.

Sin embargo, incluso en estas situaciones, puede suceder lo contrario. Un niño nacido en un hogar de padres adinerados, al que le hacen muchos regalos costosos pero no le dan amor, no tiene tanta suerte como otro cuyos padres, aunque pobres, le demuestran de manera constante cuánto lo aman.

MALA SUERTE

También existe la mala suerte. Las mal llamadas "obras de Dios", como terremotos, tsunamis y tornados, provocan una devastación increíble y destruyen la vida de mucha gente en cuestión de minutos. A un amigo mío le diagnosticaron cáncer poco después de retirarse y murió meses después. Él tenía muchas ganas de comenzar una nueva carrera como pintor, así que, definitivamente, aquí tenemos un ejemplo de mala suerte.

Hace muchos años conocí a un hombre que me dijo que nunca tenía suerte. Sentía que la vida había conspirado en su contra, y tratar de salir adelante era una pérdida de tiempo porque el destino siempre le era adverso. En este tiempo he pensado mucho en él porque me parece que sus pensamientos eran lo que provocaba su ilusoria mala suerte. Sin embargo, no he dejado de sentirme agradecido con él porque, si no lo hubiera conocido por casualidad, no me habría interesado en el tema del destino y jamás habría escrito este libro. Esto tal vez significa que, para mí, fue buena suerte conocerlo.

No resulta sorprendentes los numerosos proverbios y frases relacionados con la suerte. Aquí tenemos algunos ejemplos:

- ❖ El que ve romero y no lo recoge, del mal que le venga no se enoje.
- ❖ Lo que es bueno para uno puede ser malo para otros.
- ❖ No hables mucho de tu mala suerte y no presumas de la buena.

❖ La suerte no tiene límites.

❖ La fortuna favorece a los valientes.

❖ La tercera es la vencida.

❖ La suerte es para los mediocres.

❖ Es mejor nacer con suerte que con dinero.

❖ No tientes a la suerte.

❖ Los niños traen torta bajo el brazo.

❖ Nunca confíes sólo en la suerte.

❖ La suerte nunca da, sólo presta.

❖ Al que madruga, Dios le ayuda.

❖ La buena suerte, durmiendo al hombre le viene.

❖ Tiene suerte de irlandés.

❖ La suerte no es de los cobardes.

❖ La suerte favorece sólo a la mente preparada.

❖ Tiene suerte de principiante.

❖ No se necesita inteligencia para tener suerte, pero sí se necesita suerte para tener inteligencia.

❖ Afortunado en el juego, desafortunado en el amor (éste último es muy interesante porque, de hecho, dice que si tienes suerte en un aspecto de tu vida, no necesariamente la tendrás en los demás).

En realidad no importa qué pienses hoy en día de la suerte: ¡te reto a hacer de lado esas ideas y correr nuevos riesgos! Realiza las prácticas que aquí se ofrecen y observa cómo empiezas a atraer la buena suerte. Yo no acepto que la fortuna sea totalmente azarosa e impredecible; creo que, mala o buena, nosotros la creamos según nos comportamos en la vida. El objetivo principal de este libro es explicarte una idea y mostrarte la forma en que puedes mejorar tu suerte. Efectivamente, tal vez no puedas controlar lo que te sucede, pero sí controlar tus reacciones. Si quieres tener suerte como "ese suertudo endiablado de Churchill", todo depende de ti. Con la ayuda de este libro podrás generar tu propia fortuna, y recuerda que nunca es demasiado tarde.

En el libro también se presenta una variedad de artículos y rituales que la gente ha usado para mejorar su suerte. Estos métodos funcionan siempre y cuando creas en ellos. Yo tengo una colección de objetos de la "suerte", y con frecuencia elijo uno cuando quiero que la fortuna me acompañe. Algo que me parece fascinante es que, por lo que he visto, siempre me va mejor cuando llevo algún amuleto. Sin embargo, no creo que la buena suerte esté dentro del objeto; sé que tengo más suerte en esas ocasiones porque el amuleto me hace pensar en la suerte y me recuerda lo afortunado que soy. Es decir, como me siento afortunado, actúo con confianza y tengo una actitud positiva; el resultado es que, entonces, suelen ocurrir cosas buenas. Espero que tú experimentes con algunos de los artículos sobre los que escribo en el libro y notes lo mucho que mejora tu suerte al usarlos.

Cómo usar este libro

Este libro se divide en cuatro partes. En la Primera parte se discuten varias maneras de atraer la buena suerte mediante un cambio de actitud y de ver la vida. La mayoría son ajustes sencillos que te ayudarán a encontrar oportunidades nuevas y frescas que seguramente te resultarán afortunadas. En la Segunda parte se exploran algunos de los métodos tradicionales para atraer buena suerte, como palabras mágicas, gemas y amuletos. Sin importar cuál sea tu posición respecto a estos artículos, verás que elegir uno o dos para experimentar, es un ejercicio interesante. En la Tercera parte nos enfocamos en cómo provocar suerte en las importantes áreas del amor, el matrimonio y el hogar. Como la suerte a menudo involucra lo oportuno de una situación, en esta parte también hablamos sobre estaciones, días, meses y años. En la Cuarta parte se discuten las tradiciones folclóricas que tienen que ver con la suerte; incluyen animales, comida, bebida y el folclore mismo. También abordamos el tema de la suerte en Asia porque, durante miles de años, la gente ahí ha explorado distintas maneras de atraer y mejorar la suerte.

Este libro se puede usar de varias maneras. Puedes leerlo de principio a fin, o comenzar leyendo las secciones que más te interesen antes de revisar las otras. También podrías preferir consultarlo de manera aleatoria y ver qué encuentras. Asimismo, lo puedes conservar como libro de referencia para consultarlo ocasionalmente. Hay suficientes entradas para probar algo nuevo cada día del año, si es lo que te gustaría hacer. No importa cómo lo uses, sólo espero que encuentres varias formas de provocar la buena suerte antes de terminar de leerlo.

PRIMERA PARTE

Cómo actuar para tener suerte

Cuando ingresé a la fuerza laboral, no me tomó mucho tiempo descubrir que la gente más exitosa de la empresa era distinta a la demás. Eran personas con motivos personales, metas, actitudes positivas, entusiasmo y capacidad de trabajar arduamente. Se esforzaban por llevarse bien con los demás, y eran abiertas, amigables y alentadoras. El resto del personal, en cambio, parecía medio vivo en comparación: trabajaban lo suficiente para conservar sus empleos, pero nada más. Demostraban entusiasmo e iniciativa a veces, pero parecían incapaces de reforzar esas cualidades.

En una de las reuniones de la empresa me di valor para preguntarle al señor Wilshin, uno de los gerentes de ventas, cómo se mantenía positivo y motivado todo el tiempo. A él le dio mucho gusto contestarme: "Todas las mañanas me veo al espejo en el baño y me digo a mí mismo, '¡Vaya que soy entusiasta!'" Luego manoteó en el aire para mostrarme exactamente cómo lo hacía. "Lo hago tres veces, pero cada vez con más volumen y emoción que la vez anterior. Eso me mantiene motivado y animado todo el día, ¡y también me trae suerte!"

A lo largo de los años he pensado mucho en el señor Wilshin, y he seguido su carrera con gran interés. Cada vez ocupó puestos de mayor importancia en varios países y terminó su carrera como presidente de una gran empresa multinacional.

Yo apliqué su método de motivación y descubrí que funcionaba; me encantaría saber cuántas otras ideas de esta sección también usó de manera consciente o inconsciente. El señor Wilshin, en definitiva, hacía lo necesario para promover su buena suerte. Esta sección contiene cincuenta y nueve maneras de actuar para generar buena suerte. A mí me funcionaron y sé que también te servirán a ti.

Capítulo uno

Tu asombrosa biología

INTRODUCCIÓN

El filósofo escocés Sydney Banks (1931-2009) enseñaba que siempre estamos a un pensamiento de sentirnos felices o tristes.[5] Todos tenemos la capacidad de controlar nuestros pensamientos pero muy poca gente los dirige de manera consciente hacia la felicidad. Nuestro modo de pensar tiene efecto directo en lo afortunados que somos. También es posible parafrasear a Syd Banks y decir que sólo estamos a un pensamiento de sentirnos afortunados o desafortunados. Alguien que se piensa afortunado, tendrá más suerte en la vida que quien de manera constante siente que no tiene suerte. Esto se debe a que los humanos atraemos aquello en lo que nos concentramos. Los científicos han descubierto que nuestros cerebros se continúan desarrollando durante la vida; al cambiar la manera de pensar, lograremos casi cualquier cosa que deseemos.

No hace mucho vi un partido de soccer con mi nieto de once años. A él le fascina el juego, y estoy seguro de que le encantaría llegar a ser futbolista profesional. Yo creía que los deportistas excepcionales nacían con talentos especiales, y ninguno de nosotros podía imitar esas habilidades tan particulares. Sin embargo, si yo hubiera jugado soccer en la escuela, participado en toda oportunidad para mejorar mis habilidades, practicado de manera constante, y si me hubiera mantenido totalmente enfocado en el objetivo de llegar a ser un jugador profesional, quién sabe lo que habría sucedido. Muchos culpamos a nuestros genes de la falta de éxito, pero esta idea es lo que garantiza que nos mantengamos observando desde las gradas en lugar de jugar futbol.

Pero también hay otros factores. El deseo y la motivación son esenciales para cualquier persona que quiera tener éxito en cualquier ámbito. Conozco un joven que es un nadador extremadamente talentoso. Durante años se levantó temprano todas las mañanas para entrenar. Al salir de clases, cuando sus amigos se divertían, él regresaba a la alberca para entrenar otra vez. Naturalmente, me quedé muy sorprendido cuando se dio por vencido de repente.

"Me di cuenta de que el precio era demasiado alto —me dijo—. Pensé que quería ser campeón nadador, pero no lo deseaba tanto en realidad." Resultó que lo que aquel joven estuvo haciendo, fue seguir el sueño de su padre. Estoy seguro de que, si hubiera sido su propio sueño, habría continuado, porque eso le habría dado la motivación necesaria. Y por supuesto, si hubiera continuado y tenido éxito, todos habrían dicho que fue un chico muy afortunado y nadie habría pensado en las incontables horas que pasó entrenándose y preparándose para triunfar: sólo habría sido "afortunado".

Si tú estás preparado para pagar el precio, también puedes "correr con suerte" en el deporte que elijas. Mientras practiques y entrenes, tu cuerpo irá cambiando con el tiempo, y se desarrollarán los músculos necesarios para una disciplina en particular.

Además del cuerpo humano, el cerebro también cambiará y empezará a reflejar lo que trabajas. Lo que te limita no es tu CI (Cociente Intelectual). Piensa que la habilidad intelectual se puede medir en cualquier momento, pero es imposible medir tu potencial porque es ilimitado. La ciencia de la neuroplasticidad ha demostrado que tu cerebro cambia constantemente y crece a lo largo de toda la vida. Por esto las boletas de calificaciones que recibiste cuando ibas a la escuela, no tienen ningún impacto en la persona que eres hoy. Si dices que no puedes hacer algo porque "no eres suficientemente inteligente", entonces te convencerás a ti mismo y limitarás tu verdadero potencial. Aunque tal vez creas que la falta de éxito es culpa de tus genes malos o de falta de educación, la verdad es que eres suficientemente inteligente para lograr cualquier cosa que te propongas, siempre y cuando lo desees con la fuerza necesaria. Si estableces un objetivo valioso, te motivas a ti mismo y haces el trabajo que tu meta exige, entonces tendrás éxito. Resulta interesante notar que la gente ignorará y olvidará el duro trabajo para lograr tu objetivo, y sólo te describirá como "afortunado". Recuerdo que una vez vi en televisión al cantante Engelbert Humperdinck, poco después de que se volviera famoso en los sesenta. No le agradaba que la gente dijera que se había convertido en un éxito "de la noche a la mañana", porque en realidad había dedicado muchos años de trabajo arduo a lograrlo.

El psicólogo estadounidense Lewis Terman (1877-1956), era profesor de psicología educativa de la Universidad Stanford cuando adaptó y estandarizó el examen del Cociente Intelectual. En los años veinte del siglo pasado, comenzó un estudio de treinta y cinco años con niños de cociente intelectual alto. Creía que los bendecidos con genes excepcionales tendrían vidas sumamente exitosas. Sus 1500 sujetos de estudio crecieron y se convirtieron en adultos exitosos y saludables, sin embargo, ninguno de ellos ganó un Premio Nobel ni llegó a ser un músico reconocido mundialmente. Lo interesante es que dos de las personas rechazadas del grupo original de Terman,

sí ganaron el Premio Nobel, y que Isaac Stern y Yehudi Menu-
hin —ambos rechazados también—, llegaron a ser violinistas
famosos en todo el mundo.[6]

En 1993, Norihiro Sadato, científico japonés, descubrió que
cuando la gente ciega lee Braille, la corteza visual de su cerebro
se enciende en las tomografías. Esto demostró que dicha área
del cerebro cambió debido a la pérdida de la vista. De hecho,
para que esas personas pudieran leer Braille, fue esencial que
se modificara esa parte del cerebro. Éste es un ejemplo de la
plasticidad de dicho órgano.[7]

En 1999, la doctora Eleanor Maguire, neuróloga británica,
llevó a cabo escaneos de resonancia magnética en taxistas de
Londres: descubrió que tenían un hipocampo posterior mucho
más grande que las otras personas, a quienes también escaneó
pero no manejaban taxi. La sección posterior (o trasera) del hipocampo del cerebro está relacionada con la navegación. Para
obtener licencia de taxista en Londres, es necesario memorizar
las 25 000 calles del centro de la ciudad, y conocer todos los
puntos de interés en cada una de ellas. A esta información se
le llama "el Conocimiento", y a cada persona le toma entre
dos y cuatro años (además de doce intentos), pasar el examen
y conseguir la licencia. Francamente, es una gran hazaña de
la memoria. Eleanor Maguire descubrió que el tamaño del
hipocampo posterior de todos los taxistas se relaciona con la
cantidad de tiempo manejando como choferes. Ésto indica, a
su vez, que el cerebro crece conforme se adquiere información.[8]

Incluso imaginar que haces algo afecta la corteza motriz del
cerebro. El doctor Álvaro Pascual-Leone, actualmente profesor
de neurología de la Escuela de Medicina de Harvard, solicitó
a un grupo de voluntarios imaginar que practicaban una pieza
musical sencilla en el piano. El grupo lo hizo durante cinco
días. Resulta interesante que la parte de la corteza motriz que

controla el movimiento de los dedos se expandió en los cerebros de los voluntarios, exactamente de la misma manera que en los de la gente que sí tocó la pieza al piano.[9] Este experimento demuestra que los pensamientos cambian la estructura física del cerebro.

De lo anterior se deduce que lo que piensas respecto a la suerte se refleja en la configuración de tu cerebro. Si no estás contento con ningún aspecto de tu vida, modifica lo que piensas al respecto y, de esa manera, reconfigurarás tu cerebro. Es decir, si te sientes desafortunado, puedes darle la vuelta completa a la situación y pensar como una persona "con suerte". Créeme: el pensamiento positivo funciona; toma tiempo pero, si uno se enfoca en lo positivo en lugar de en lo negativo, el cerebro se modifica también.

Hay un ejercicio muy interesante y fácil que demuestra el poder del pensamiento positivo. Por la noche, antes de ir a la cama, siéntate en silencio en una silla cómoda. Cierra los ojos y relájate. Inhala profundamente diez veces y luego piensa en el día que terminó. Piensa en la gente con la que interactuaste y cómo respondiste. Piensa en las frustraciones que viviste pero también en los logros. Cuando repases todos los sucesos importantes del día, vuelve a respirar hondo tres veces y abre los ojos. Luego pasa algunos minutos pensando en lo que acabas de hacer. ¿Sentiste algo en tu cuerpo cuando reviviste el día? ¿Te sentiste tenso o molesto por algo que pasó por tu cabeza?

Ponte de pie, estírate y camina un minuto o dos por la casa. Siéntate de nuevo, cierra los ojos, relájate, inhala profundamente diez veces y repasa de nuevo tu día. En esta ocasión le vas a poner un toque positivo a lo que ocurrió. Por ejemplo, si alguien te lanzó el coche para ganarte el paso camino al trabajo, seguramente te estresaste al recordar el suceso. En esta ocasión sólo deséale bien a esa persona. Recuerda que fuiste tú quien se dio permiso de enojarse. Cuando revivas la experiencia permite que la negatividad se aleje volando, y visualízate en calma y relajado en lugar de molesto y lleno de frustración. Continúa pensando en tu día y dale ese toque positivo a todo lo que sucedió. Cuando acabes, vuelve a inhalar profundamente tres veces y abre los ojos.

Una vez más, piensa algunos minutos en lo que acabas de hacer. ¿Notaste estrés o frustración en tu cuerpo al revivir tu día desde una perspectiva positiva?

Permíteme decirte que es posible liberar toda negatividad reviviendo el suceso de otra manera: justo como tú querías que pasara. Al liberar la negatividad y adoptar una visión más positiva de la vida, notarás cambios en todos los aspectos.

Creo que somos muy afortunados de tener la capacidad de reprogramar nuestro cerebro de manera efectiva, y ser la persona que deseamos. Y lo mejor es que, ¡nunca es demasiado tarde! Algunas personas desarrollan sus talentos a muy temprana edad, como Wolfgang Amadeus Mozart (1756-1791), y claro, es común que escuchemos más acerca de niños prodigio que de quienes desarrollaron su talento "tardíamente".

Anna Mary Robertson Moses, mejor conocida como Grandma Moses (1860-1961), fue una famosa artista folclórica estadounidense que empezó a pintar cuando tenía setenta años y siguió haciéndolo hasta los noventa y tantos. André Kertész (1894-1985), fotógrafo estadounidense nacido en Hungría, se volvió famoso cuando ya tenía ochenta y tantos años. El coronel Harlan Sanders (1890-1980) inició el negocio de franquicia Kentucky Fried Chicken a los sesenta y cinco. De hecho, los niños prodigio son muy raros; la gente que explota su talento tardíamente, es bastante más común.

En el siguiente capítulo analizaremos distintos métodos para asumir el control de tu suerte.

Capítulo dos

Cómo controlar tu suerte

INTRODUCCIÓN

Este capítulo contiene cincuenta y nueve métodos prácticos para aumentar tu suerte. Se pueden leer en el orden que prefieras. Tal vez quieras leer todo el capítulo y decidir con cuáles te gustaría trabajar primero; o quizá encuentres algo que te interese y decidas comenzar con ese método primero. Debo decirte que tu avance será mayor si trabajas con uno o dos métodos en lugar de aplicar todos al mismo tiempo. Enfócate en dos hasta que notes mejoría; luego añade otro, y otro más, hasta que trabajes en todas las áreas en que necesitas ayuda.

Algunas de estas ideas exigen un cambio de perspectiva; otras te forzarán a buscar oportunidades para ponerlas en práctica. Un ejemplo de ello es la número 27: Entre más duro trabajes, más suerte tendrás. Para obtener los mayores beneficios de esta idea debes realizar cualquier tarea que implique perseverancia y trabajo arduo. Si no te es posible, proponte la realización de una labor postergada. Trabaja con ahínco hasta concluirla y luego disfruta la satisfacción de terminar algo difícil o desagradable. Hace poco saqué toda la basura de nuestro garaje; una labor que postergué durante años, pero cuando lo hice, encontré un objeto que creí perdido y me sentí afortunado. Dos meses después, mi esposa y yo todavía gozamos del placer de entrar y salir sin problemas del garaje.

1. Actitud

El ensayista inglés Joseph Addison (1672-1719), escribió: "Nunca conocí a un hombre prudente, trabajador, madrugador, cuidadoso con sus ganancias y honesto en todo sentido, que se quejara de mala suerte. Los ataques de la mala fortuna que los tontos imaginan, no pueden penetrar el carácter afable, los buenos hábitos ni el tesón de acero." Evidentemente, Joseph Addison tenía una actitud positiva.

Todos tienen una actitud. Algunos nacen con actitud positiva y tienen una visión optimista de la vida. Otros nacen con una disposición lúgubre, y eso les genera una actitud negativa.

En una ocasión trabajé en el almacén de una empresa de artículos de impresión. La mujer que preparaba las facturas era una de las personas más negativas que he conocido; para ella, la vida no ofrecía nada bueno, le encantaba contarle sus problemas a todos. En el trabajo disfrutaba de crear dificultades todo el tiempo; también le gustaba poner a todos a su nivel. Por ejemplo, si alguien mencionaba que era un día muy hermoso, ella agregaba: "El pronóstico del clima dice que mañana lloverá." Trabajé ahí tres meses y pasé la mayor parte de ese tiempo tratando de hacerla sonreír. Nunca lo logré y doy por hecho que sigue regodeándose en su negatividad.

Poco después de dejar el almacén, nosotros nos mudamos de casa. Como yo tenía un pequeño negocio de envíos por correo, iba a la oficina postal local varias veces a la semana; ahí, casi todos los empleados eran agradables y amistosos, resultaba fácil tratar con ellos. Sin embargo, había una mujer gruñona que parecía esforzarse por hacerles difícil la vida a los clientes. Como me recordó a la mujer del almacén, traté de hacerla sonreír también, pero me tomó casi tres años lograrlo. Veinte años después, la señora sigue trabajando en la oficina postal, y cada vez que entro, me sonríe y me saluda. Lo raro, sin embargo, es que continúa siendo desagradable con todos los demás. Eso me enseñó que tengo el poder de modificar mi propia actitud, pero es imposible hacerlo con la de alguien más: la gente debe cambiar por sí misma.

Hay una historia muy famosa sobre dos personas que observan un vaso medio lleno de agua. Una lo ve medio vacío y la otra medio lleno. La primera tiene un enfoque pesimista de la vida, la segunda, optimista. ¿Quién de ellos tiene más probabilidades de ser afortunado? El optimista espera que sucedan cosas buenas y, como resultado, tiene más oportunidades de vivir experiencias afortunadas que su colega pesimista.

Como tienen una buena actitud, los optimistas se sienten bien consigo mismos y son capaces de mirar más allá y hacer planes para el futuro. Los pesimistas están tan llenos de ansiedad y dudas, que sus mentes ocupadas por ello les impiden pensar en lo que está por venir.

No obstante, la gente cambia de actitud de vez en cuando. De hecho, nadie es positivo todo el tiempo. La clave del éxito es ser positivo con más frecuencia que negativo. Y es que, en realidad, siempre podemos elegir. Cada vez que tengas una actitud negativa, cámbiala deliberadamente y sé positivo. Al final te sentirás mucho mejor, tendrás menos estrés y tu vida será más disfrutable y relajada.

La actitud es muy importante en todos los aspectos de la vida. Imaginemos a dos hombres en una fiesta. Uno de ellos, optimista; el otro, pesimista. Ambos ven a una mujer atractiva. El optimista piensa: "Lo peor que puede pasar es que me rechace." Así pues, camina hasta ella y se presenta. El pesimista piensa: "Ya sé que me va a rechazar, ¿para qué humillarme?" Naturalmente, el hombre no se presenta y pierde la oportunidad de hacer una nueva amiga.

Ahora imaginemos a esos dos hombres en el trabajo. Ambos enfrentan el mismo problema pero el optimista piensa: "Veamos esto desde otro ángulo. Tiene que haber una solución." Mientras el pesimista: "Rindámonos ahora mismo. Es imposible solucionarlo." El pesimista se da por vencido; el optimista persevera hasta triunfar.

Cuando le conté a un amigo que trabajaba en este capítulo, me dijo: "La actitud no sólo es importante: es fundamental. Juega un papel importantísimo en todo lo que uno hace. Nadie alcanza el éxito en ningún aspecto de la vida si no tiene buena actitud. La actitud determina cuán exitoso serás. Si tienes una buena actitud es imposible no correr con suerte." Mi amigo es encantador, siempre está de buen humor y es muy positivo. Como toda la gente, ha tenido buenas y malas épocas, pero él siempre decide, de manera muy consciente, hacer que todos los días sean provechosos.

Los optimistas disfrutan la compañía de otros optimistas y esperan que sucedan cosas buenas. Pasan el menor tiempo posible con gente negativa porque saben que quienes reclaman y no dejan de quejarse, disfrutan de contagiar a otros su negatividad. Una vez a la semana asisto a un desayuno en el club. Me uní al grupo hace quince años porque necesitaba estar con gente positiva y entusiasta. Me había cansado la constante negatividad de un club de magia al que pertenecía, así que la misma semana que renuncié me uní al grupo que desayunaba en el club. En estos últimos diez años ha sido muy interesante observar el crecimiento y desarrollo de sus integrantes, comparado con lo que ha sucedido en el club de magia: riñas, disputas internas y celos insulsos les impidieron progresar en sus carreras, en tanto que los miembros del club del desayuno han alcanzado sus metas y tienen éxito en la vida.

En la última década he pensado mucho en ambos clubes. De vez en cuando me encuentro a gente del club de magia y siempre sucede lo mismo: todos me quieren contar los chismes más recientes de los otros miembros. La gente del club del desayuno, en cambio, está demasiado ocupada realizando sus sueños para desperdiciar el tiempo en chismes y actitudes negativas.

Hace más de veinte años el doctor Martin E. P. Seligman condujo experimentos con vendedores de Metropolitan Life. No resulta sorprendente que los optimistas fueran más exitosos que los pesimistas. Seligman concluyó que cuando los vendedores hacían sus frías llamadas telefónicas, lo que los mantenía animados o los vencía, era su discurso personal. Quienes pensaban: "Nadie me comprará un seguro", se daban por vencidos después de algunas respuestas negativas. Sin embargo, quienes pensaban: "Tal vez él ya tenga seguro, pero ocho de cada diez personas no cuentan con uno", seguían llamando.

Animados por el descubrimiento, el personal de Metropolitan Life llevó a cabo un estudio más ambicioso con las mil quinientas personas que solicitaron trabajo en 1985. Contrataron a mil sin aplicar el examen del optimismo del doctor Seligman. Él quería usar esta información para ver si los optimistas obtenían mejores resultados que los pesimistas y, de hecho, así fue. El primer año los optimistas vendieron 8 por ciento más que los pesimistas, y el segundo año, 30 por ciento más.

El doctor Seligman realizó un experimento más. Pidió a la compañía contratar a cien personas que no cumplían con los criterios de aceptación pero calificaron como superoptimistas. Eran personas a quienes normalmente la empresa no habría contratado y los resultados fueron asombrosos. El primer año vendieron 21 por ciento más que los pesimistas, y el segundo año, el porcentaje subió a 57. Lo anterior demostró de manera concluyente que los optimistas son mucho mejores vendedores que los pesimistas.[10]

Si mantienes una actitud positiva, no solamente tendrás una vida mejor, también serás mucho más afortunado que la gente con actitud negativa porque estarás abierto a cualquier oportunidad. Serás más accesible y desarrollarás un círculo de amigos más amplio, lo cual, a su vez, también te brindará más posibilidades de éxito.

2. ASUME EL CONTROL

Necesitas controlar tus pensamientos porque influyen en tu actitud y tus acciones. Al final, tus pensamientos serán lo que atraiga o repela a la buena suerte. Muy poca gente presta atención a lo positivo o negativo de sus pensamientos, pero en cuanto te enfoques en los pensamientos positivos, te sorprenderá lo diferentes que pueden ser las cosas en todos los aspectos de la vida. Por supuesto, de vez en cuando tendrás pensamientos negativos, pero no te atormentes por eso, sólo cambia tu forma de pensar y enfócate en algo positivo. Mientras más lo hagas, más positivo serás, y con el tiempo el proceso será automático. Una de las técnicas que me resultaron útiles cuando era vendedor consistía en pensar en una venta importante anterior, y luego acercarme a mi nuevo prospecto. El recuerdo del éxito pasado me infundía la actitud adecuada, pero naturalmente, cuando concretaba la transacción, mis colegas siempre atribuían mi logro a la buena suerte.

También debes visualizarte constantemente en control de tu destino. Esto significa hacerte responsable de cada situación, buena o mala, y enfocarte en tus objetivos. La gente que hace lo contrario y se considera víctima impotente, tiene una vida llena de frustración, y no deja de culpar a los demás de sus infortunios y falta de éxito. En cuanto comprendas que el control de tu destino está en tus manos, todo empezará a ir como deseas y tendrás más suerte que nunca.

3. Júntate con gente que piense de manera similar a ti

Las otras personas influyen en tus pensamientos y acciones. La gente pesimista trata de abatirte, de compartir su negatividad. Las llamo vampiros porque tienen la capacidad de succionar y despojarte de todo optimismo. Es necesario alimentar relaciones con gente positiva y pasar el menor tiempo posible con los vampiros negativos.

4. Encuentra una obsesión monumental

Todos necesitamos algo que valga la pena anhelar. Encuentra algo que te desafíe y estimule, que valga todo el tiempo y esfuerzo que le dediques. Este objetivo es distinto para cada quien: una persona puede descubrir que su meta consiste en estudiar para obtener un título, mientras otra obtiene la misma satisfacción mediante un vínculo más cercano con lo divino, o ayudando a gente menos afortunada. Conozco a alguien que se involucró en un programa de desarrollo personal y trabajó en resolver las respuestas inapropiadas cada vez que se sentía molesto o impaciente.

5. Establece metas y alcánzalas

Ésta es la continuación de buscar una obsesión monumental. La mayoría de la gente exitosa, a la que normalmente se considera afortunada, elige metas que valen la pena, y luego trabaja con ahínco hasta alcanzarlas. Por lo general tienen varias; algunas a corto plazo pero otras les lleva toda una vida. Algunas son relativamente fáciles, otras más difíciles. El cumplimiento de metas sencillas a corto plazo motiva a esta gente a lograr las más difíciles y de plazo prolongado. Si estableces objetivos desafiantes que valgan la pena y te esfuerzas en alcanzarlos, te sorprenderá ver lo afortunado que serás.

6. Sé feliz

El gran presidente estadounidense Abraham Lincoln (1809-1865), dijo: "La mayoría de la gente es tan afortunada como imagina serlo." Estoy seguro de que, al igual que yo, conoces a mucha gente que va por la vida con rostro de amargura, y a otros que, teniendo mucho menos con qué sentirse felices, siempre están de buen humor.

Hace muchos años, Tai Lau, maestro de feng shui, me dijo: "Si quieres ser feliz, sé feliz." Fue un consejo muy profundo y sencillo que he tratado de seguir desde entonces. Todas las mañanas, cuando me levanto, me digo a mí mismo que voy a disfrutar de un día estupendo. He descubierto que comenzar el día con pensamientos positivos me hace sentir bien y me mantiene alegre sin importar lo que suceda. No es sencillo continuar feliz en medio de todos los desafíos de la vida, pero asumir el control de tu propia felicidad y conservar una buena actitud, es señal de madurez.

También descubrí que mantener una actitud positiva me hace más afortunado de varias maneras. Por ejemplo, rara vez tengo problemas para encontrar un espacio de estacionamiento cerca del lugar a donde voy cuando estoy en el centro. Siempre confío en que encontraré un lugar y, por lo general, así ocurre. Hace poco fui a una cata de vinos y tuve la suerte de comprar la última botella que se abrió. El dueño del lugar me dijo que había sido afortunado y me recordó que uno o dos años antes, había pasado exactamente lo mismo. Yo ya me sentía feliz por adquirir la última botella pero fue bueno que alguien más reforzara mi idea de que era afortunado.

7. HAZ AFIRMACIONES POSITIVAS

Las afirmaciones son palabras que se repiten una y otra vez para infundir pensamientos positivos en nuestra mente. Siempre se articulan en tiempo presente y se enuncian con fuerza, como si lo que se diga ya fuera verdad.

Tal vez te hace falta confianza en ti mismo; para corregir este problema repite todas las veces que te sea posible: "Tengo confianza en mí y soy fuerte. Puedo defenderme y salir adelante en cualquier situación." Por supuesto, al principio no será así; pero si lo repites continuamente, al final esta idea se volverá parte de tu realidad y conseguirás la confianza necesaria.

Puedes hacer exactamente lo mismo con la suerte; si te repites: "Soy afortunado. Todo el tiempo me pasan cosas buenas", mejorarás tu suerte. El truco está en conservar el control de tus pensamientos. Todo lo que digas puede convertirse en una afirmación. Si siempre te dices: "Nunca tengo suerte" o "La vida es injusta", entonces ésa será tu realidad.

Por todo lo anterior, es fundamental que pienses positivamente lo más posible. A lo largo de un día normal tenemos pensamientos positivos, negativos y neutros. Si de pronto te sorprende uno negativo, cámbialo, hazlo positivo o, si no, piensa en algo distinto.

Aquí te presento algunas afirmaciones positivas que mejorarán tu suerte:

"Merezco lo mejor que la vida puede ofrecer."
"Atraigo cosas buenas a mí."
"Me permito aprovechar cada momento al máximo."
"Estoy vivo, estoy bien y me siento estupendamente."

8. Pasa tiempo con tus amigos

Hace poco un pariente me dijo que no tenía amigos, que había dedicado su vida a hacer dinero; aunque era extremadamente exitoso, no era feliz. Me dio pena escucharlo porque los amigos son de las mayores bendiciones de la vida.

Como yo trabajo en casa, sé que me sería muy fácil enfocarme en mi trabajo y convertirme en ermitaño; por fortuna, mantengo contacto regular con mis amigos. Con frecuencia los veo para tomar un café en la mañana o para comer, y gracias a eso, cuando regreso a casa y trabajo, me siento feliz, estimulado, más productivo. Aunque ésta no es la razón por la que me reúno con ellos, mis amigos con frecuencia me dan buenas ideas y sugerencias.

Hace poco, por ejemplo, mencioné a uno de ellos que trabajaba sobre un tema específico; él me dijo que conocía a alguien que estuvo involucrado durante muchos años en ese campo y me preguntó si me gustaría conocerlo. Ese comentario casual me llevó a un hombre muy amable que me dio excelentes ideas para el libro. El día que lo conocí me sentí particularmente afortunado, pero a lo largo de los años he tenido muchas experiencias más como ésa.

9. Haz nuevos amigos

Además de fomentar amistades actuales, debes estimular tus relaciones personales, aceptar gente nueva en tu vida y tratarla bien. Hazlo sin esperar ninguna otra recompensa que la de tener nuevas amistades. Debo decirte, sin embargo, que cada nuevo amigo tiene más conocidos y, por lo mismo, tu círculo crecerá de manera constante. Después de algún tiempo te asombrará ver lo afortunado que eres. Se calcula que el estadounidense promedio tiene aproximadamente 300 contactos. Algunos muy cercanos y sólidos, como la familia y los buenos amigos.

Otros menos fuertes, y entre ellos se encuentra la gente con la que tratas en el banco, la oficina de correo, las gasolineras y lugares similares. Como cada uno de estos contactos está, a su vez, relacionado con otros 300, te encuentras a un paso de conocer 90 000 personas. Pero puedes ir un poco más allá: si toda esa gente tiene 300 contactos, ¡entonces estás a dos pasos de 27 000 000 seres humanos!

Hacer amigos no es difícil: sé sociable, acepta invitaciones y, cuando conozcas gente que te agrade, da el primer paso.

10. Espera que la casualidad se presente

La casualidad es encontrar algo útil o valioso sin buscarlo. A mí se me ha presentado con frecuencia en librerías y bibliotecas. A veces, por ejemplo, cuando busco un libro, encuentro otro más útil que el buscado.

Serendipia es una palabra que con frecuencia se utiliza también para designar la casualidad. Fue acuñada por el escritor Horace Walpole (1717-1797) después de leer *Los tres príncipes de Serendip*, cuento de hadas persa en el que tres héroes descubren cosas interesantes por casualidad.

Algo que me fascina de la casualidad es que, si la espero, mi suerte siempre mejora; es decir, si visito una biblioteca, por ejemplo, me pregunto qué libros encontraré por accidente, siempre espero hacer descubrimientos interesantes y, por lo general, así sucede.

Esta mañana, mientras escribía esta sección, leí en el periódico un artículo acerca de un hombre que se corta el cabello. Le mencionó al barbero que en su casa había humedad y le dijo que él había instalado una bomba de calor en su casa. El hombre al que cortaban el cabello a un lado comentó que él vendía e instalaba esas bombas, así que el hombre cuya casa tenía humedad lo contrató de inmediato. En esta anécdota la casualidad se presentó para el hombre que tenía el problema y para el que vendía las bombas de calor, pero también para mí porque tuve la suerte de leerlo justamente cuando escribía acerca de este tema.[11]

El matemático griego Arquímides experimentó una casualidad en los baños públicos de Siracusa. Al parecer corrió desnudo por las calles de la ciudad gritando: "¡Eureka!" ("¡Lo encontré!"). El matemático descubrió por accidente que la cantidad de agua derramada de su bañera era exactamente igual a la masa de su cuerpo sumergida.[12]

Hace algunos años tuve la fortuna de visitar la Cueva de Lascaux cerca de Montignac, en el suroeste de Francia. Estas cavernas fueron descubiertas accidentalmente por cuatro niños que exploraban los bosques cercanos a sus casas. Los chicos agrandaron un pequeño agujero en la tierra, gatearon hasta un espacio más amplio, y quedaron asombrados al ver hermosas pinturas rupestres en las paredes.

Los Manuscritos del Mar Muerto los descubrió en 1947 un jovencito que buscaba una cabra perdida. Todos son excelentes ejemplos de objetos descubiertos por accidente.

Tú siempre espera cosas afortunadas por accidente y así será; además, todos te dirán lo afortunado que eres.

11. NÚTRETE

La mayoría de la gente tiene una vida muy ocupada y le resulta difícil tener tiempo para nutrirse a sí misma. Sin embargo, es de vital importancia para tu felicidad y bienestar hacerlo en los aspectos físico, emocional y espiritual. Nutrirte, sin embargo, no tiene nada que ver con ser indulgente, sino con el derecho de hacer algo especial por ti mismo todos los días. Puede ser algo tan sencillo como dar un paseo y dejar el celular en casa, comprar flores sin una razón específica, llamar a un amigo por teléfono para platicar, apartar diez minutos para leer un libro, hacer una lista mental de todas las bendiciones recibidas en la vida, o incluso, algo tan simple como pasar tiempo solo o sola. Modificar la rutina diaria es una buena forma de nutrirse; también aminorar la marcha es muy benéfico. Cuando bajas la velocidad por un minuto o dos, tienes oportunidad de ver todo lo que usualmente pasas por alto en tu carrera cotidiana.

También puedes nutrirte ayudando a otros; lo puedes hacer con un acto tan sutil como sonreírle a un extraño en la calle o decir algo amable. Puedes donar tiempo o dinero. Con mucha frecuencia, pasar tiempo con alguien resulta un regalo invaluable. También te nutres cuando ves a la gente como es y aceptas que no siempre tienes razón; sólo fluye con la corriente.

¿De qué manera influye en la suerte el acto de nutrirte? Bien, pues cuando te sientes bien contigo mismo (y, claro, nutrirse siempre sirve para ello), eres más receptivo a todas las cosas buenas que ofrece la vida, y por eso éstas llegan a ti.

12. RÍE MÁS

Algo que disfruto con bastante regularidad son las rutinas de *stand-up comedy* en YouTube. Lo hago porque me encanta reír; me vigoriza, relaja y hace sentir bien. Me recuerda lo bueno que es estar vivo.

Los niños ríen mucho más que los adultos. Aunque los cálculos varían, se dice que los niños ríen entre 300 y 400 veces al día, en tanto los adultos sólo quince y veinte veces. Naturalmente, todos somos distintos, pero no hay duda de que los niños ríen mucho más que los adultos.

En su libro *Anatomy of an Illness*, Norman Cousins describió cómo películas viejas de los Hermanos Marx le ayudaron a reducir tanto el dolor como la inflamación. De hecho, diez minutos de risa le producían dos horas de sueño bien descansado y libre de dolor. Por esto muchos dicen que la risa es la mejor medicina.

La risa relaja todo el cuerpo, reduce los niveles de estrés y mejora el flujo sanguíneo. También produce endorfinas —que nos hacen sentir bien—, y anticuerpos para luchar contra las infecciones. Queda claro que, desde el punto de vista de la salud, reírse un buen rato es extremadamente benéfico.

Por si fuera poco, la risa te mantiene joven. Michael Pritchard es famoso porque dijo: "Uno no deja de reír porque se hace viejo, más bien, uno se hace viejo porque deja de reír."

Cuando ríes eres más optimista, extrovertido y amigable; también te vuelves más atractivo para los demás. La risa es contagiosa así que, cada vez que ríes, ayudas a otros y a a ti mismo. Además, reír con otros aumenta tu conexión con la gente y abre las puertas para nuevas experiencias y oportunidades y esto, además, aumenta tu buena suerte.

Aprovecha todas las oportunidades de reír y, de preferencia, que sea a carcajadas.

13. ESPERA QUE SUCEDAN COSAS BUENAS

Este punto tiene que ver con mantener una actitud mental positiva. Si crees que sucederán cosas buenas, no te sentirás devastado por los errores o fracasos que todos tenemos a veces. En lugar de eso, estarás convencido de que todas las situaciones tienen un lado positivo y, como eso esperas, estarás alerta ante cada oportunidad.

Las cosas buenas pueden venir en formato chico o grande. Hace algunos meses pasé por una casa donde se celebraba el cumpleaños de una niña. En el jardín había más de diez niñas jugando mientras sus padres observaban. Una de ellas tenía una margarita en la mano, y cuando pasé por ahí, corrió hasta mí y me la regaló.

14. Actúa como si fueras afortunado

Todo mundo conoce la frase: "Finge hasta convencerte." Bien, pues fingir funciona porque nuestra mente es sumamente proclive a la sugestión. Si todo el tiempo actúas como si fueras afortunado y te lo recuerdas constantemente, empezarás a tener suerte. Porque cuando actúas como si la tuvieras, la atraes a ti, y ésta se convierte en realidad.

Tengo una amiga que siempre encuentra dinero en la calle. Varias veces, mientras caminamos juntos, de repente se inclina para recoger una moneda o un billete, y todas esas veces pude pasar por el mismo lugar sin darme cuenta de que había algo ahí. Cuando le pregunté cómo desarrolló ese talento, me dijo que siempre había tenido suerte para encontrar dinero.

15. Elimina las emociones negativas

Es muy difícil correr con suerte si la timidez o los sentimientos de envidia o ira nos lo impiden. Estas emociones negativas dificultan avanzar porque tu mente siempre piensa en las limitaciones que crees tener. Para colmo, la demás gente las nota y como la negatividad es repulsiva, sin importar de qué tipo se trate, estas emociones desalientan a los demás a ayudarte.

Claro que es natural sentir negatividad cuando parece que todo es parte de una conspiración en tu contra, pero una cosa es sentirla, y otra muy distinta expresarla. Cuando eliminas la negatividad aumentas tus oportunidades de atraer las cosas buenas de la vida, y entre ellas, la buena suerte.

16. El mundo es tu ostra

Es obvio que no tendrás mucha suerte si te quedas en casa y no sales al mundo. Las oportunidades surgen en todos lados pero necesitas estar afuera para encontrarlas.

También es evidente que cuando abandones la comodidad cometerás errores, pero todo mundo los comete. Conocí a un hombre al que le encantaba cometer errores porque, con cada uno de ellos, se acercaba más al éxito. Cuando le pedí que me lo explicara mejor, me dijo que aprendió de cada una de sus equivocaciones porque le decían qué cosas no repetir.

Hace poco un amigo mío llamó por teléfono a alguien que poseía una valiosa colección de arte, pero antes de eso, pasó meses reuniendo el valor necesario para hacerlo. Mi amigo está muy interesado en el arte y tenía ganas de ver una pintura en particular. Cuando finalmente hizo la llamada, lo invitaron a la casa del coleccionista para ver todo el arte que había reunido con el tiempo.

Sé valiente, corre riesgos, confía: el mundo es tu ostra y sólo está esperando que encuentres la perla.

17. ELIMINA LA ENVIDIA

A todos nos ha sucedido ver alguien obtener ese puesto para el que nos creíamos mejor preparados. Pero no tiene ningún caso sentir envidia porque la otra persona lo obtuvo, ya que, después de todo, ese puesto podría resultar estresante o implicar más horas de trabajo a la semana de las que estábamos dispuestos a laborar.

Sucede lo mismo cuando un amigo o una amiga consigue una pareja super atractiva y nosotros seguimos solos. Quizás la persona luce muy bien pero exige demasiadas atenciones y no convive en el hogar. Tal vez a ti te parece que tu amigo tiene buena suerte, pero podría ser exactamente lo contrario.

En lugar de ponerte celoso o sentir envidia de la aparente buena suerte de alguien, mantente enfocado en tus propios anhelos y sueños.

18. RECUERDA LO BUENO

Hace muchos años me visitó un hombre que necesitaba ayuda porque padecía insomnio. Descubrí que cada noche, cuando se acostaba, pensaba en los errores cometidos durante el día. Después de eso pensaba en todas sus tonterías de los días anteriores, y luego hacía un recuento de las del mes anterior. El pobre hombre podía regresar en el tiempo hasta pensar en las estupideces cometidas de niño. ¡Pues con razón no podía dormir! Inmediatamente le enseñé a pensar en todo lo bueno que le sucedía a diario, y su problema se acabó. Cuando lo conocí recordé a toda la gente que limita su vida por estar reviviendo experiencias desagradables, vergonzosas, negativas e infelices.

Para tener suerte se debe desarrollar la memoria selectiva, es decir, recordar sólo lo bueno, revivirlo con una sonrisa en el rostro; hacer un recuento de las bendiciones y comprender cuán afortunados somos.

19. PERDONA

Es imposible seguir adelante si uno se regodea en algún aspecto negativo del pasado. A todos nos han herido alguna vez; es muy natural sentir ira, resentimiento y, sobre todo, miedo de que nos vuelva a suceder. Sin embargo, no hay ninguna ley que nos obligue a aferrarnos a esos sentimientos. Si tú lo haces, estarás atrapado en el pasado y no te moverás hasta que perdones a la otra persona. Cuando perdonas, te liberas, y eso significa que avanzas en la vida.

Si no perdonamos, quedamos presos en un infierno personal que nos obliga a repasar, una y otra vez, las heridas y el sufrimiento del pasado; y la gente afortunada no tiene tiempo para eso. La gente con suerte siempre mira al futuro y no se atora en lo que sucedió.

Ahora bien, cuando perdones a otros, también perdónate a ti mismo. Recuerda que nadie es perfecto y todos hacemos lo mejor que podemos.

20. SÉ AGRADECIDO

En el momento de buscar lo bueno de cada situación y sentirte agradecido por ello, te darás cuenta de lo afortunado que realmente eres en este momento. Te daré un ejemplo. Mientras escribía esta sección del libro, sonó mi teléfono. Contesté y un hombre preguntó por alguien a quien yo no conocía. Le dije que había marcado número equivocado pero él no se disculpó, de hecho no dijo nada, sólo colgó mientras yo seguía hablando. En algún momento anterior de mi vida habría pensado en el incidente y en lo descortés que fue el hombre; pero en esa ocasión, sólo le agradecí porque su llamada me forzó a levantarme de la silla y descansar de la pantalla de la computadora.

Exprésales tu gratitud a familiares y amigos, reconoce la importancia que tienen en tu vida. Agradece tu empleo, incluso si el salario no es suficiente, y el estar vivo, ser quien eres.

El doctor Martin Seligman, otrora presidente de la Asociación Estadounidense de Psicología, diseñó un ejercicio de gratitud llamado "Las tres bendiciones". Nos sugiere que, al final de cada día, pensemos en las tres cosas durante la jornada que nos hicieron felices. Esta sencilla técnica reduce la ansiedad y la depresión y, al mismo tiempo, incrementa la sensación de gozo y felicidad.[13]

El doctor Robert Emmons, profesor de la Universidad de California, y autor de varios libros sobre la gratitud, condujo un extenso proyecto llamado: Intervenciones de gratitud.[14] Descubrió que la gente que expresaba su gratitud era más feliz, sana y entusiasta, tenía más energía que quien no lo hacía. Además, la gente agradecida establecía mejor sus objetivos y los alcanzaba con mayor facilidad.[15]

Busca la oportunidad de agradecerle a la gente, eso te hará sentir bien a ti y a otros. También te vuelve memorable e incrementa tus oportunidades para el futuro.

21. Corre riesgos

Si nunca intentas nada, nunca tendrás éxito, así que corre riesgos. Porque incluso si no obtienes nada a cambio, aprenderás de la experiencia. Darse la oportunidad de algo significa correr riesgos. Claro, esto no necesariamente quiere decir cruzar las Cataratas del Niágara en una cuerda floja, pero sí dar el primer paso y presentarte con un desconocido. O también, ser valeroso y solicitar un aumento de sueldo.

Es obvio que debes minimizar los riesgos evitando algo francamente estúpido o peligroso. Por eso tienes que evaluar la situación con cuidado, correr un riesgo calculado y seguir adelante.

22. Conserva tu asombro

Es increíblemente fácil olvidar lo afortunados que somos de estar vivos en este pasmoso planeta pletórico de variedad y diversidad. Una noche despejada, sal de casa y contempla las estrellas. Visita algún mirador y asómbrate con la magnificencia del panorama. Observa una parvada de aves volar al unísono, camina a lo largo de la playa, aprecia la risa de los niños, juega con una mascota. Estamos rodeados de cosas maravillosas, así que haz una pausa y aprécialas. Hacer esto te ayudará a darte cuenta de lo afortunado que eres.

23. Pasa tiempo solo

Aparta un poco de tiempo de tu rutina diaria para relajarte. Aunque puede ser un poco difícil, es muy importante que lo hagas, particularmente si estás muy ocupado. Te sorprenderá la cantidad de ideas que te llegarán en cuanto te sientes en un sillón en silencio y pienses en tus anhelos y sueños. Pero no sólo dejes que tu mente divague; si es posible, piensa en las posibles soluciones a un problema. Recuerda que el problema no tiene que ser tuyo necesariamente; sólo piensa en ideas para facilitar la vida de los demás o hacerla más cómoda. Ahora bien: no evalúes tus ideas en cuanto lleguen, escríbelas y piensa en ellas después.

También podrías pasar tiempo solo o sola mientras haces ejercicio, te entregas a algún pasatiempo o haces algo que disfrutes. Te llegarán buenas ideas sin importar lo que hagas.

24. Medita

Dedicar algo de tiempo para estar solo y pensar, es muy benéfico, pero puedes aumentar todavía más los beneficios si meditas. La palabra *meditar* viene del latín *medi*, que significa "centrar". Es por eso que cuando meditas, vas a tu interior y te alineas con el centro de tu ser.

La meditación tiene muchos beneficios: apacigua la mente, mejora la salud mental, fortalece el sistema inmunológico y reduce estrés, depresión, dolor de espalda y negatividad.

Hay muchas maneras de meditar, algunas personas lo hacen caminando, trotando, arreglando su jardín o simplemente contemplando un paisaje hermoso. Otras al entregarse plenamente a un pasatiempo. Pero en todos los casos, la gente llega a un estado de atención consciente, es decir, vive el momento sin ninguna preocupación.

Una de las maneras más sencillas de meditar consiste en sentarse en una silla cómoda y respirar hondo varias veces por la nariz. A mí me gusta cerrar los ojos mientras lo hago, pero mucha gente prefiere observar una vela encendida o un paisaje apacible. Date la oportunidad de relajarte con cada exhalación, y siente cómo todos tus músculos se aflojan poco a poco.

Notarás que de repente te vienen pensamientos inesperados: cada vez que eso suceda, hazte consciente de ellos, déjalos pasar y continúa enfocado en tu respiración.

Cuando estés completamente relajado, permite que tu mente piense en la palabra *suerte*. De pronto tendrás pensamientos e ideas, pero si piensas en asuntos ajenos, vuelve a enfocarte en tu respiración algunos segundos y repite la palabra *suerte* en tu mente.

Cuando sientas que estás listo, termina la meditación con una breve oración de agradecimiento al Arquitecto del Universo. Abre los ojos y relájate durante un minuto o dos, antes de levantarte.

Relajarse y desacelerar los pensamientos exige práctica, así que sé paciente cuando tu mente divague. Sólo retoma tu atención y concéntrate en la meditación. Si meditas unos diez o quince minutos diarios, te sorprenderá lo mejor que te sentirás respecto a toda tu vida. Te sentirás menos ansioso, más relajado, más abierto y comprensivo. También te sentirás, y serás, más afortunado.

25. Persiste

Por lo general, la gente más exitosa se niega a darse por vencida. Son quienes perseveran incluso después de que casi todos los demás se rindieron. Calvin Coolidge (1872-1933), presidente estadounidense, estaba convencido del poder de la persistencia. En una ocasión escribió: "No hay nada en el mundo que pueda remplazar a la Persistencia. El Talento no puede: no hay nada más común que los hombres talentosos pero sin éxito. La Genialidad tampoco: la existencia del genio sin recompensa es sumamente conocida. La Educación es un buen sustituto: el mundo está repleto de negligentes con amplios estudios. Lo único omnipotente es la Persistencia y la determinación. La conocida frase 'Continúa insistiendo' ya ha resuelto muchas veces, y seguirá resolviendo, los problemas de la raza humana."

Es natural que baje tu motivación cuando trabajes en proyectos u objetivos a largo plazo porque es imposible permanecer motivado todo el tiempo. Por esta razón mucha gente se da por vencida: cree que es demasiado difícil y la meta se ve muy lejana. Pero los persistentes siempre continúan trabajando, incluso si la meta parece imposible de alcanzar.

Y claro, sucede algo muy curioso cuando estas personas logran el éxito: todos los demás se olvidan de los meses o años de arduo trabajo y esfuerzo, simplemente atribuyen todo a la suerte.

26. BUSCA EL HILO DE PLATA

Cada vez que te topes con una situación difícil, busca el hilo de plata en la nube que sobre ti. Tal vez te tome algún tiempo encontrarlo, pero te aseguro que ahí está; es posible que venga como enseñanza, nueva reflexión o, incluso, algún beneficio oculto.

Una de las ventajas de buscar el hilo de plata es que tu actitud cambiará de inmediato: en lugar de pensar negativamente, crecerá la confianza en ti mismo y avanzarás. Es decir, retomarás el control en lugar de que las circunstancias rijan tu vida.

27. MIENTRAS MÁS DURO TRABAJES, MÁS SUERTE TENDRÁS

Gary Player, golfista sudafricano, es una de las personas a quienes se atribuye la frase: "Mientras más duro trabajes, más suerte tendrás."[16] Es decir, cuando te esfuerzas encuentras esas oportunidades que la gente que trabaja lo menos posible deja pasar. Lo mejor de todo es que, como la mayoría de la gente ignora las oportunidades que implican trabajo arduo, ¡hay menos competencia por la cual preocuparse!

28. HAZ ALGO NUEVO

Hace varios meses visité a un amigo que leía un libro sobre construcción de cabañas. Como nunca lo había visto hacer algo ni remotamente manual, pregunté por qué lo leía; me dijo que una vez al mes saca de la biblioteca local algún libro sobre el que no sepa nada. A veces encuentra cosas muy interesantes, y otras, los deja después de leer algunos capítulos.

"Es una actividad que me estimula mentalmente y me provee ideas geniales", me explicó con una sonrisa.

Otra amiga, de setenta y cinco años, empezó a tomar clases de piano: "Me mantienen joven", me dijo.

Aprender y hacer cosas nuevas estimula mentalmente y brinda una apariencia juvenil. Asimismo, te expone a nuevos conceptos e ideas que, por supuesto, tienen el potencial de incrementar tu suerte.

29. BUSCA OPORTUNIDADES

Russell Conwell (1843-1925), ministro bautista estadounidense, filántropo y autor, escribió un influyente discurso titulado "Acres de diamantes". Conwell presentó su discurso más de seis mil veces y, además, se publicó como libro en 1890.[17] En él habla sobre un hombre que vendió su propiedad para buscar diamantes, pero luego, la persona que le compró el terreno encontró en él una fortuna en diamantes. De hecho, se trata del yacimiento más grande de estas piedras preciosas, que más adelante se convirtió en la Mina de diamantes Kimberly. El mensaje es que no necesitas viajar para encontrar oportunidades porque las hay en todas partes.

Cada vez que tengas una dificultad, piensa en las oportunidades que te ofrece; es muy posible que la solución que des al problema te recompense en muchas maneras.

Una buena forma de encontrar oportunidades consiste en preguntar. ¿Por qué algo se hace de cierto modo específico? ¿Por qué no puedo comprar tal o tal cosa en mi área? Cada vez que encuentres una buena oportunidad y la aproveches, tus amigos te dirán que eres muy afortunado.

Cuando busques estas posibilidades de manera activa, surgirán en todos los lugares, incluso en los momentos en que no las busques.

30. Carisma

Se dice que la gente cuya personalidad atrae tiene carisma. La palabra "Carisma" viene del griego *khárisma*, que significa "regalo de gracia". El sociólogo alemán Max Weber (1864-1920), escribió: "El carisma es la cualidad de una personalidad individual con que se diferencia de los otros seres comunes, y que le permite ser tratado o tratada como si fuera un ser sobrenatural, sobrehumano o, por lo menos, como si tuviera poderes o características específicamente extraordinarios."[18] Lo anterior sugiere que sólo algunos afortunados tienen carisma, pero por suerte, todos pueden ser más carismáticos si lo desean. El secreto radica, principalmente, en que te agraden los demás. Si la gente te agrada de modo genuino, te interesarás en ella y mostrarás este aprecio con palabras, acciones y expresiones faciales. Sonríe, mira a la gente a los ojos, relájate, escucha y sé tú mismo.

¿Sabías que cuando observas a alguien o algo que te agrada, tus pupilas se dilatan? Las personas no lo notan de manera consciente, lo perciben sin darse cuenta. Ésta es una de las razones por las que nos es posible saber si le simpatizamos a alguien.

La forma más rápida de ser más carismático consiste en interactuar con más gente. Habla con ella mientras estés formado en algún lugar o camines por la calle. Conversa brevemente con algún cajero o empleado. Si te cuesta trabajo platicar con desconocidos, pregunta la hora o, tal vez, pide indicaciones sobre cómo llegar a algún lugar. La mayoría de la gente te sonreirá y ayudará con gusto. En algunos casos extenderás la conversación y disfrutarás de una agradable interacción. De vez en cuando estas interacciones te darán buena suerte.

31. Presta atención a tus corazonadas

Algunas personas le llaman intuición o sexto sentido, pero no es necesario creer en lo metafísico para tener corazonadas. Se trata de premoniciones o sensaciones que recibes acerca de algo o alguien. Es algo que no se explica de manera lógica... pero digamos que una voz interior te indica si algo es correcto o no. Yo, por desgracia, he pasado por varios malos momentos para aprender que debo hacerle caso a mis corazonadas. A veces permito que la lógica domine a mi instinto, y siempre me arrepiento. Cuando hago caso a mis corazonadas corro con suerte porque mi instinto me dice si debo continuar o no por un camino específico.

32. Escucha

Cuando estaba en la primaria tenía una maestra que siempre nos decía: "Si hablan todo el tiempo, no aprenderán nada." No estoy seguro de que entonces entendiera lo que quería decir, pero a lo largo de los años me he sentido muy agradecido por su consejo. Es muy común que, sin darse cuenta, la gente me dé buenas ideas para mis libros mientras conversamos; pero si yo hubiera pensado solamente en lo que respondería o diría después, habría perdido toda esa información.

Spirit & Dream Animals es uno de mis libros más populares, y lo escribí sólo porque escuché a dos señoras conversando sobre los animales que aparecían en los sueños de la gente. En ese momento me presenté con ellas, me disculpé por escuchar su plática y luego disfruté de una larga conversación sobre el tema. Fue un día muy afortunado.

A mucha gente le gusta el sonido de su voz y tiende a dominar las conversaciones. Estoy seguro de que quieren llamar la atención y que la conversación gire alrededor suyo; tal vez quieren parecer más inteligentes que los demás. En cualquier caso, siempre que me encuentro en esta situación, recuerdo las palabras de mi maestra.

Si *en verdad* se escucha con atención, se abre uno a ideas y experiencias nuevas. Hazlo y tendrás la ventaja de vivir nuevas experiencias; y claro, todo mundo mencionará entonces lo afortunado que eres.

33. DI «SÍ»

En 1967, el primer día que estuve en Londres, me encontré a dos personas de Nueva Zelanda que ya conocía. Iban a una fiesta esa noche y me invitaron. Lo primero que pensé fue negarme porque no habría nadie conocido excepto quienes me invitaban. Además, no la organizaban ellos sino alguien más, así que corría el riesgo de no ser bien recibido. Pero acepté a pesar de todo eso… y mi vida cambió para siempre. ¡En esa fiesta conocí a una jovencita llamada Margaret, con quien ya llevo casado más de cuarenta años! Si hubiera rechazado la oportunidad, lo más probable es que no la hubiera conocido y nuestras vidas serían completamente distintas.

A mi padre le pasó casi lo mismo cuando conoció a mi madre. Acababa de regresar de la Segunda Guerra Mundial y su madre conoció a la esposa de un oficial de mayor rango en el mismo regimiento de papá. La señora invitó a mi abuela y a mi padre a tomar el té una tarde. Él no quería porque lo último que deseaba era hablar sobre la guerra con alguien de rango mucho mayor. Sin embargo, su mamá insistió y, al final, aceptó. En la reunión se encontraba la joven sobrina del militar, ayudando a servir el té y los pastelillos. Y en menos de un año, mi padre se casó con ella. Si no hubiera tomado el té esa tarde —cosa que estuvo a punto de hacer—, ¡yo no habría nacido!

Si piensas cómo se conocieron tus padres y tus abuelos, sin mencionar todos sus ascendientes, te darás cuenta de lo afortunado que eres de estar vivo.

Todos recibimos invitaciones que rechazamos por varias razones. Por supuesto, es imposible decir «sí» a todo, pero antes de negarte, piensa en las oportunidades que esa invitación te ofrece.

Hace quince años cometí una tremenda equivocación en Las Vegas de la que todavía me arrepiento. Me quedaba con un amigo, y él me dijo que estaba muy cansado; de repente, sonó el teléfono. Era un mago mundialmente famoso que llamó para invitarme a una cena después de su espectáculo. Me habría encantado ir pero como mi amigo estaba muy cansado, rechacé la invitación y nunca conocí al mago. Se me ocurrió llamar un taxi pero sabía que mi amigo insistiría en llevarme en su auto hasta el hotel y recogerme. Tal vez debí permitir que lo hiciera, e insistir en regresar en taxi. Todos nos arrepentimos de algo, pero si piensas con cuidado antes de decir «no», es probable que te arrepientas de menos cosas.

34. VIVE EL MOMENTO

Nuestro único tiempo es el ahora. Los niños pequeños viven en el presente y se sumergen en todo lo que hacen; a los adultos, en cambio, les cuesta mucho trabajo hacerlo porque piensan demasiado en el pasado y reviven problemas y preocupaciones que ya no tienen relevancia. Y si no piensan en el pasado, entonces se preocupan por situaciones y sucesos que podrían ocurrir.

¡Pero la vida transcurre en el presente! Es difícil tener suerte si vives en el pasado o te preocupas por lo que vendrá. Para ser afortunado en verdad, es necesario vivir el ahora y aprovechar las oportunidades cuando se materialicen.

35. VISUALIZACIÓN

La visualización es el arte de imaginar el resultado que deseas con la mayor claridad posible. Por ejemplo, si tienes una entrevista de trabajo mañana, puedes sentarte hoy en un lugar cómodo, cerrar los ojos e imaginar con precisión cómo la deseas. Tal vez te visualices al despertar. Te sientes emocionado por la entrevista. Imagínate vistiéndote, desayunando y yendo al encuentro. Aunque no conozcas ese lugar, imagínate sentado, esperando a la persona que te entrevistará. Mírate entrar a su oficina y luego visualiza toda la entrevista. Imagínate lleno de confianza, sonriente, haciendo contacto visual y preguntas, dando buenas respuestas a todo lo que te pregunta. Ahora visualízate en la despedida e imagina que el resto de tu día es agradable porque causaste una buena impresión e hiciste lo necesario para obtener el empleo.

Cuando vayas a la cama, visualiza todo el proceso y repítete a ti mismo que todo sucederá como imaginaste. Camino a la entrevista, vuelve a pensar en lo que sucederá y mantente confiado en que las cosas marcharán exactamente como las viste en tu mente.

Al hacerlo te sentirás mucho más relajado y cómodo cuando la entrevista tenga lugar. Gracias a este proceso pensarás con rapidez y responderás a las preguntas con calma y confianza. Destacarás entre los otros candidatos y aumentarás en gran medida la probabilidad de que te ofrezcan el trabajo.

Ahora, imagina el escenario siguiente: en lugar de sentirte relajado y positivo, te sientes ansioso y preocupado por la entrevista. Tal vez te digas: "Estoy muy nervioso. ¿Tendré lo necesario para el empleo? ¿Le simpatizaré al entrevistador? ¿Causaré una buena impresión? Estoy seguro de que no soy la persona adecuada." Aunque no tengas los ojos cerrados al pensar en todo lo anterior, de todas formas lo visualizas y si vas a la entrevista con pensamientos negativos, la probabilidad de que te ofrezcan el trabajo disminuirá muchísimo.

Visualizar un resultado positivo aumenta tu suerte porque, en buena medida, te hace sentir confiado en que tendrás éxito y manejarás la situación con actitud adecuada. Además, el universo la reconocerá y te ayudará a lograr tu objetivo.

36. Sé curioso

Al principio, cuando empecé a trabajar, la gente me decía con frecuencia que hacía demasiadas preguntas. Tenía curiosidad y quería saber por qué las cosas se hacían de cierta manera. Tal vez sí eran demasiadas, pero gracias a eso aprendí mucho, y a veces incluso ofrecí sugerencias que beneficiaron a la empresa.

Actualmente todavía hago preguntas, pero no soy tan valiente como mi cuñado. A él le gusta hacer las que los demás evitan porque no quieren pasar por tontos, y su curiosidad le ayudó a amasar una fortuna. La gente le dice que tiene suerte, pero muy buena parte de su éxito se debe a su deseo de saber más. Formular preguntas y reflexionar sobre las respuestas le da muchas oportunidades que siempre capitaliza.

Haz preguntas, sé curioso, y nota qué afortunado serás.

37. TODOS SON IMPORTANTES

Es imposible saber quién te dará una oportunidad de tener suerte en el futuro. Seguramente ya tratas a la gente con autoridad y respeto porque, después de todo, cualquiera podría ayudarte de forma directa o influir en alguien más. Sin embargo, trata a la gente menos importante con el mismo respeto porque una persona en una posición modesta podría conocer a alguien que te pueda auxiliar o dar asesoría valiosa. ¿Quién sabe el tipo de suerte que podría surgir de este encuentro? En el futuro, esa persona podría incluso obtener un puesto importante y recordar cómo lo o la trataste anteriormente.

Si tratas a los otros como si fueran importantes, ellos tendrán la misma cortesía contigo.

38. HAZ QUE HOY SEA UN DÍA ESPECIAL

Decide hacer de hoy un día especial en que nada te molestará, y verás que todo fluirá con facilidad. Tal vez quieras hacer planes para tu primer «día especial» un par de días antes. Define qué deseas lograr, con quién quieres pasar el día, y qué te gustaría hacer. Tal vez no logres todo en un día normal de trabajo entre semana, pero de todas formas toma la decisión de que ése sea un día particular en que todo marchará sobre ruedas.

Una vez alcanzado ese día especial, lo repetirás una y otra vez hasta que todos sean especiales. Cuando llegues a ese momento nada te molestará y te sentirás relajado, con control absoluto sobre todo lo que suceda. Además, la buena suerte se presentará en tu vida de manera más regular.

39. Inspira con el ejemplo

Conduce tu vida como si ya fueras la persona que deseas ser. Si eres cortés con los demás, hablas bien, sonríes, no te quejas y trabajas con ahínco, ¡la gente te percibirá como una persona buena y positiva! Debes ser justo, amigable, confiable y seguro de ti mismo. Tu vestimenta debe ser apropiada en todo momento. Si haces lo anterior inspirarás a otros con tu ejemplo y esto te abrirá las puertas a muchas oportunidades tal vez negadas en el pasado. Y claro, toda la gente hablará de lo afortunado que eres.

40. Piensa en que todos ganen

Que todos ganen —un concepto mejor conocido como Ganar-Ganar—, implica abordar cada oportunidad con el objetivo de ser razonable con todos los involucrados y garantizar un resultado positivo general. Este concepto se basa en la equidad, el compromiso, la cooperación y el beneficio mutuo. El tradicional escenario de Yo gano-Tú pierdes, no es justo para trabajar con otras personas porque, si tú obtienes una rebanada más grande del pastel, a alguien le tocará la más pequeña y sentirá que te aprovechaste de la situación.

Esto no significa ver por los intereses de la otra persona además de los tuyos, sino que debes ser honesto y ético, y tratar a los otros como te gustaría ser tratado. Debes enfocarte en tus intereses y las otras personas en los suyos.

Si actúas con honorabilidad y sinceridad al tratar a otros, se te presentarán más oportunidades, y eso te demostrará que, en realidad, el "pastel" es infinito.

41. Sé flexible

Prepárate para dejarte llevar. Tal vez ya te hiciste a la idea de ver una película pero, si se acaban los boletos, si no la exhiben en la sala de tu localidad, o si tus amigos no quieren verla, sé flexible, vean otra o, quizá, vayan a cenar.

Si por alguna razón te quedas en un lugar esperando algo o a alguien, no te enojes, mejor ponte al día en las llamadas por hacer o lee un libro.

La gente flexible y adaptable se divierte mucho más que la rígida, dogmática y obsesiva con sus propias costumbres. Si eres de mente abierta, escuchas nuevas ideas y cambias de plan cuando es necesario, eres el tipo de persona que tendrá mucho más éxito y felicidad que los dinosaurios que no se adaptan. Además, eso te hará más afortunado en todos los aspectos.

42. Ayuda a otros

Tú puedes ayudar a otros de muchas maneras. Una de las mejores es pasar tiempo con la gente. Incluso una sonrisa puede servir. Ayudar a otros te hace sentir bien e implica interacción con otros seres humanos, lo que podría llevarte a lugares y situaciones insospechadas. De hecho, podría terminar consiguiéndote una amistad para toda la vida. Ayudar también mejora la vida de otras personas y eso permite que el mundo sea un mejor lugar para todos.

43. Busca un mentor

Es común que los mentores aparezcan en la vida de la gente en el momento más adecuado. Warren Buffett, mentor de muchas personas, recibió su entrenamiento de Benjamin Graham; y el mentor de Ray Charles fue Wiley Pittman. En ambos casos, el protector llegó en el momento justo en que el aprendiz necesitaba asesoría.

Los mentores pueden incrementar tu suerte de muchas maneras. Te pueden enseñar habilidades y técnicas muy valiosas; presentar a gente influyente que más adelante te abrirá las puertas; brindar oportunidades para aprender y practicar habilidades. Asimismo, los mentores te motivan y dan opiniones respecto a tus ideas. Más allá de cualquier otra cosa, siempre verá por tus intereses y se convertirá en un buen amigo al que podrás pedir ayuda y asesoría en cualquier momento.

Los mentores pueden permanecer vinculados a ti por décadas. Algunos se quedan contigo lo suficiente para comenzar y luego te dejan actuar solo. Aunque yo no lo tenía del todo claro cuando estuve en la escuela, algunos de mis maestros actuaron también como mentores; detectaron en mí el potencial que yo mismo no reconocía y me impulsaron con suavidad en la dirección correcta. Todos ellos fueron mentores de corto plazo pero, de ninguna manera, los considero menos valiosos que los de largo plazo.

Por lo general, son los mentores quienes te encuentran a ti, pero puedes buscar uno si ya estás listo para trabajar con él. Busca a gente en el ámbito en que quieras triunfar, alguien con mucho conocimiento y con quien te lleves bien. Pregúntale a esa persona si puedes solicitar su asesoría de vez en cuando. La mayoría de la gente se siente halagada cuando le pides algo así y, con el tiempo, él o ella llegarán a ser tu mentor. Por supuesto, no todo mundo está dispuesto a ocupar ese lugar, así que, si alguien te rechaza, sólo repite el proceso hasta encontrar a la persona indicada.

44. SÉ MENTOR

Al final, mucha gente que ha tenido mentores hace lo mismo con alguien más. Esto se debe a que transmitir información y ayudar a otros dispuestos a recibirla, genera un tipo muy particular de alegría. Además, ¡ser mentor de otros también aumenta tu suerte! La gente que asesores por lo general será más joven que tú, de manera que te dará la perspectiva de una generación diferente. Esto te brindará oportunidades adicionales que no habrías conseguido de otra manera. La satisfacción y el placer que se recibe como mentor de una persona con potencial, incrementa tu autoestima. Al ayudar a alguien más ayudarás al mundo aunque sea de manera modesta, y el universo te recompensará por ello. Cuando trabajas en armonía con el universo correrás con suerte.

45. Practica la Regla de Oro

¿Conoces la frase: "Trata a los demás como querrías que te trataran"? Las principales tradiciones espirituales del mundo enseñan el concepto de tratar a los otros como nos gustaría ser tratados. Esta máxima es miles de años anterior a la cristiandad. De hecho, en *El campesino elocuente*, popular historia del Imperio Medio en el antiguo Egipto (c. 2040-c. 1650 a. C), aparecen las palabras: "Ésta es la orden: haz por aquel que puede hacer por ti, de modo que le induzcas a obrar igual."[19]

No siempre se aplica la regla de oro porque todos lidiamos con gente difícil; sin embargo, justo en esas situaciones se debe practicar más.

En cuanto apliques la regla de oro, pensarás en los efectos que tienen tus acciones sobre los otros y te verás a ti mismo en el lugar de los demás. Dicho de otra forma, los entenderás. Al tratarlos con compasión, amabilidad y respeto, te sentirás diferente. Además, la gente corresponderá a tu confianza, y recibirás oportunidades que no habrían llegado de ninguna otra manera.

46. Siéntete afortunado

Sentirse afortunado se relaciona profundamente con la actitud. Si vas por la vida con la esperanza de sucesos fortuitos y afortunados, lo más probable es que así sea. Además, te será más fácil reconocerlos cuando lleguen. De la misma manera, si vives con una actitud pesimista, te perderás oportunidades geniales porque te enfocarás en los aspectos negativos de todo.

La gente afortunada crea su propia suerte porque tiene una actitud positiva y espera buenos resultados. Naturalmente, estas personas tienen altibajos como los demás, pero como su expectativa es ser afortunadas, siempre se levantan y buscan la siguiente oportunidad.

47. RESPETO POR UNO MISMO

Por lo general, somos más duros con nosotros que con otros. Es poco probable que le digas a un amigo flojo o estúpido, pero seguramente te lo dices. Debes pensar, sin embargo, que mereces el mismo respeto que das a otros con tanta naturalidad. Apréciate como la maravillosa creación que eres. En la historia del mundo jamás hubo otra persona exactamente igual a ti, eres único y especial.

También sé honesto contigo mismo. Todos cometemos errores, por lo que, cuando te pase a ti, admítelos, aprende de ellos y sigue adelante. Conozco a mucha gente que culpa a sus parejas anteriores por todo lo malo en su vida; en esos casos, me parece interesante lo que sus parejas dirían al respecto. La verdad es que, casi siempre, los errores los cometen ambos. Admite los tuyos, perdona a los otros y a ti mismo, y continúa viviendo.

Como parte de este proceso evita a la gente que no te respeta porque esas personas te provocan un estrés innecesario y socavan tu autoestima.

Si te respetas a ti mismo, enfrentarás cualquier situación con calma. Además, de esta manera te abrirás a buenas oportunidades y tu suerte se incrementará.

48. Nunca es demasiado tarde

Debes saber que puedes cambiar tu vida a cualquier edad. Puedes atraer la suerte a los veinte, cincuenta u ochenta y cinco años porque tu edad física no tiene nada que ver. ¡Nunca es demasiado tarde!

Hace muchos años, un amigo mío, representante de ventas, me dijo que se estaba volviendo viejo porque la mayoría de la gente de su área tenía menos de cuarenta años. Él tenía treinta y ocho y creía era demasiado tarde para comenzar de nuevo. Me pareció extraño que alguien de menos de cuarenta pensara de esa manera, pero él no es la única persona que se siente atrapada por la edad. A mi amigo le gustaba mucho jugar póquer, así que, después de recibir aliento y motivación de sus amigos, puso un breve anuncio en un periódico local. En él ofrecía enseñar a otras personas a mejorar su juego. Esta nueva empresa era muy modesta, pero ahora se gana la vida gracias a ella y además, ¡se siente feliz y pleno!

Hay muchísimos ejemplos de gente que comenzó una nueva carrera a los cuarenta, cincuenta y tantos, o más. Un ejemplo clásico es Grandma Moses (1860-1961), quien empezó a pintar a los setenta y tantos. En 2006, *Sugaring Off*, una de sus pinturas, se vendió por 1.2 millones de dólares.

A los sesenta y siete, un hombre ya retirado que vivía en mi ciudad, abrió una tienda de frutas y verduras. Ahora, quince años después, dirige un próspero imperio de tiendas similares que venden sus productos a precios muy razonables. Naturalmente, estoy seguro de que este hombre no tiene la menor intención de retirarse de nuevo. Jamás.

Julia Child comenzó trabajando como redactora creativa de publicidad y tenía casi cincuenta años cuando publicó su libro *El arte de la cocina francesa;* así inició la carrera que la hizo tan famosa.

Hay muchos ámbitos en los que la madurez puede resultar ventajosa porque mayor edad significa muchos años de experiencia. Si te preocupa tu edad, evalúa tus habilidades e intereses, y decide cuál de todos —aunque pueden ser varios—, te gustaría fomentar. Te garantizo que en cuanto trabajes en ello, se te presentarán más y más oportunidades, y la gente dirá que eres muy "afortunado".

49. La vida es un viaje

Cada año me establezco una meta. Esto me mantiene en el camino correcto; además, gracias a estos objetivos, logré más de lo que habría podido sin ellos. No obstante, mis metas son solamente guías, no tengo ningún problema en cambiarlas o incluso descartarlas si las circunstancias son otras o se presentan nuevas oportunidades. Mis metas son flexibles y, si no las alcanzo, el mundo no se acaba.

Mucha gente queda atrapada en sus objetivos, se obsesiona con ellos y, como consecuencia, sufre estrés, ansiedad e incertidumbre si no logran lo que esperaban o no progresan a la velocidad planeada. Es muy difícil sentirse afortunado con estrés, presión y preocupaciones todo el tiempo.

Es mucho mejor y más sencillo pensar que la vida, más que un destino, es un viaje. Si te enfocas en el viaje apreciarás más el paseo, y disfrutarás más del momento presente en lugar de preocuparte por lo que podría o no suceder en el futuro. Esta forma de ver la vida te abre a la suerte de distintas maneras. Si disfrutas del presente y vives nuevas experiencias, ¡se te presentarán más momentos de casualidad y serendipia!

50. Elige tu dirección

Todos los días decidimos y elegimos. Ciertamente, no todo es de gran importancia; sin embargo, prueba tu habilidad de ponderar y elegir en todos los aspectos de tu vida. Tú eliges hacia dónde dirigir tu existencia y, de hecho, también la creas día a día con cada elección y decisión que tomas. Siempre puedes cambiar tu manera de pensar, tus reacciones e incluso los sentimientos relacionados con cada aspecto. Si no estás feliz por la forma en que vives, tal vez no puedas decir que eres afortunado; sin embargo, si adoptas decisiones diferentes, modificarás tu presente y tu futuro, y la suerte entrará a tu vida otra vez.

51. Valores sumados a objetivos

Para ser afortunado, deben coincidir valores y objetivos. Si no es así, es poco probable que la suerte brille para ti y, por lo tanto, te sentirás tenso o sin motivación. Si tus valores son sólidos y tus objetivos pequeños te costará trabajo lograrlos. Si, en cambio, tus objetivos son altos y tus valores bajos o poco sólidos, no sentirás gran satisfacción al alcanzarlos.

Cuando tus valores y tus objetivos coincidan, te sentirás positivo, motivado, y con suerte.

52. Elimina los hábitos negativos

Tengo un amigo que siempre llega tarde a citas y reuniones sociales. Ha perdido vuelos, e incluso llegó tarde para conocer a la persona que más admira. Ésa fue sólo una de las innumerables oportunidades que perdió. Pero además de costarle oportunidades, este mal hábito le ocasiona estrés innecesario.

Por desgracia, mi amigo no está solo. Todos tenemos hábitos negativos que nos cuestan oportunidades, generan estrés y retrasan nuestro progreso en la vida. Si deseas aumentar tu suerte, deja atrás estos malos hábitos.

Primero elige uno negativo y enfócate en él durante un mes. Felicítate cada vez que lo superes pero no te castigues cuando falles; sólo recuerda las razones por las que debes eliminar dicho comportamiento, y toma la decisión consciente de esforzarte más. Los psicólogos aseguran que podemos cambiar nuestros hábitos en veintiocho días, a partir de que decidas dejar atrás un hábito indeseable, pasará un mes antes de notar una mejoría considerable. Date un mes más para asegurarte de que el nuevo hábito forma parte de tu vida normal, luego elige otro hábito y enfréntalo. Tu suerte mejorará gracias a este proceso.

53. ACÉPTATE A TI MISMO

Aunque es posible modificar hábitos, acepta que no te convertirás en alguien que no deseas. Por ejemplo, si eres una persona extrovertida, escucha más o no seas el centro de atención. Sin embargo, no debes volverte introvertido, ¡porque tú no eres así! De la misma manera, si tu carácter es más bien reservado, sé más abierto y habla más pero, por supuesto, no intentes ser extrovertido. Ahora bien, no importa si eres introvertido, extrovertido, o te encuentras en un punto intermedio: identifica tus cualidades y trabaja en ellas. Cuando aprovechamos nuestros talentos y habilidades naturales, incrementamos la probabilidad de tener suerte en la vida.

54. SÉ AMABLE

Sorprende a alguien con un acto de bondad. Si la persona detrás de ti en la fila del supermercado sólo lleva uno o dos artículos, y tú lleno el carrito de víveres, permítele pasar antes. Además de que te sentirás bien, la persona te estará agradecida, y el mundo será un mejor lugar para ambos. A veces, algo tan simple como una sonrisa o una palabra amable ayuda a otros.

Ser gentil no cuesta y, además de ayudar a todos, a ti te hará sentir mejor. Te aseguro que, con toda esa energía positiva a tu alrededor, tu suerte aumentará irremediablemente.

55. La energía de Drishti

Drishti es una palabra en sánscrito relacionada con el uso de los ojos para enfocar la atención en algo específico con un propósito particular. En yoga sirve para enfocarse en uno de los nueve puntos específicos mientras la persona medita o practica las distintas asanas. Todos usamos nuestros ojos para ver, pero los yogui también perciben una realidad interior que, por lo general, no es visible. Esto les permite advertir lo divino en todo lo que existe.

Tú también puedes practicar la visión *drishti:*, sólo usa tus ojos para enviar energía positiva, compasiva y amable a toda la gente con la que interactúas: familiares, amigos, conocidos y desconocidos. Tal vez los demás no sepan que practicas la visión *drishti*, pero todos percibirán tu benevolencia, amor y cuidado; y a cambio, tendrás suerte adonde vayas.

56. Pasa tiempo con un niño

Pregúntale a un maestro si conoce la frase "Los niños son lo más extraordinario", e inmediatamente escucharás anécdotas divertidas desde la perspectiva de un niño. Ellos ven al mundo de manera distinta a los adultos, por eso, si los escuchas y reflexionas sobre lo que dicen, aprenderás mucho. Ver el mundo a través de los ojos de un niño, aunque sea por un momento, es un privilegio. Te sorprenderá la sabiduría que tienen los pequeños y la profundidad de sus pensamientos acerca de lo que sucede.

Por todo lo anterior, siempre que paso tiempo con mis nietos, me siento muy afortunado; particularmente cuando lo hago de modo individual. Aunque a veces representan mucho trabajo, siempre que los veo regreso a casa vigorizado y lleno de ideas.

57. CAMBIA ALGO

Es muy común que la gente busque cambiar todo en su vida de golpe, y termine frustrada. Y es que no es posible. Lo viable son cambios relevantes si primero modificas un aspecto menor, luego otro, y después otro más. Si realizas cambios pequeños, al final obtendrás beneficios enormes. Recuerda que modificar un hábito toma entre tres y cuatro semanas, así que date el tiempo necesario para que el cambio se efectúe, porque algunos requerirán más trabajo y esfuerzo.

Las alteraciones graduales tienen otro beneficio adicional: cada una de ellas te hará sentir mejor respecto a ti mismo, y eso se reflejará en tu postura, tus expresiones faciales y tus pensamientos. Cada pequeño cambio te hará sentir bien y más afortunado.

58. ENTRA A LA ZONA

Cada vez que entras en el estado que los atletas denominan "la zona", te involucras tanto en lo que haces que pierdes la noción del tiempo. La tarea exige toda tu concentración, pero también debe ser desafiante y disfrutable. Por lo general, las personas entran en "la zona" cuando participan en un deporte, ejecutan música, escriben un diario, meditan o hacen yoga. Un conocido que fabrica cabañas, cada vez que trabaja en un proyecto importante, parece entrar en trance. Para él ya es sencillo entrar a la zona. A mí me pasa con frecuencia cuando escribo. A mi familia le asombra que a veces, cuando escribo con mucha fluidez y concentración, me olvido de comer.

Entrar a la zona da suerte porque, trabajar sin interrupciones y finalizar una tarea particularmente difícil, siempre te brindará placer y satisfacción.

59. ACTOS ALEATORIOS DE BONDAD

Casi siempre es muy agradable auxiliar a amigos y miembros de la familia, y por lo general lo hacemos para beneficiar a alguien que anteriormente nos favoreció, o porque deseamos expresar nuestro amor de una manera tangible.

No obstante, ayudar a gente que no conocemos también brinda un gozo muy particular. Los actos inesperados de bondad pueden volverse adictivos porque benefician a todos. Incluso el gesto más sutil cambia la vida de alguien. Yo practiqué estas acciones una vez que alguien impidió que me aplicaran una multa de tránsito. Ese desconocido —nunca supe quién lo hizo—, colocó unas cuantas monedas más en el parquímetro porque se acabó mi tiempo. No sé quién fue, pero, más de veinte años después, todavía lo recuerdo y trato de devolver el favor haciendo cosas similares. El amigo de uno de mis hijos con frecuencia pone monedas adicionales en las máquinas expendedoras de alimentos para que la siguiente persona reciba una botana gratis.

Naturalmente, estos actos bondadosos también se pueden llevar a cabo sin gastar dinero. Basta con hacerle un cumplido a alguien: es algo que no cuesta nada y hace sentir bien a todos. Sonreírle a un desconocido mejora su ánimo. Conozco a un hombre retirado que cada semana visita en un retiro para jubilados a la gente que vive ahí. Este hombre anima a muchas personas solitarias. También conozco a una señora mayor cuyo vecino, hombre joven, le regala con regularidad vegetales cultivados en casa. Al joven le gusta mucho la jardinería pero no consume todos sus vegetales, así que los reparte entre las personas que viven cerca de él, y eso le da gran placer. Otra forma particularmente buena de ayudar a la comunidad, es donar parte de tu tiempo a una buena causa.

Practicar estos actos incrementa tu suerte de muchas maneras. Hay una ley fundamental que dice: Si haces algo bueno por alguien, tarde o temprano recibirás algo bueno. A veces incluso conocerás a las personas que ayudaste; piensa que podrían ser nuevos amigos que te abran oportunidades. Tu vida mejorará porque ayudar a otros nos hace felices.

SEGUNDA PARTE

Herramientas de la suerte

A lo largo de la historia, la gente ha buscado de distintas maneras atraer la buena suerte; entre ellas, palabras, frases, gemas y amuletos. Incluso hoy se cree que decir las palabras correctas o usar la gema o amuleto adecuado, trae buena fortuna. Y de hecho así es. Cualquiera de estos elementos funciona porque esa fe en el poder de lo que se use, lo mantiene a uno enfocado un deseo.

Yo en lo personal tengo una gran colección de amuletos y talismanes reunidos a lo largo de los años. La verdad no creo que me traerán buena fortuna pero, cuando los llevo conmigo, pienso en la suerte y en todo lo bueno que he recibido en la vida. También me animan a mantener una actitud positiva en todo momento, y eso es benéfico porque, si me siento afortunado y positivo, generalmente suceden cosas buenas.

Por esto, creas en ellas o no, las herramientas de la suerte funcionan. Elige uno o dos artículos de esta sección y ponlos a prueba.

Pensemos que escoges el número 105, botones. No importa de dónde provenga, tú sólo guárdalo en tu bolsillo, donde lo puedas ver o sentir varias veces durante el día. Cada vez que lo notes, tócalo, acarícialo o sostenlo, y recuerda lo afortunado que eres. De ser necesario, piensa un rato en las mayores bendiciones de tu vida: familia, amigos, y estar vivo, para empezar.

Esta sencilla acción te hará sentir afortunado y, como estarás a la expectativa de que sucedan cosas buenas, ¡ocurrirán!

Capítulo tres

Palabras y frases de la suerte

Introducción

A lo largo de la historia, se ha considerado que algunas palabras son poderosas como amuletos para atraer la buena suerte. De hecho, al principio los amuletos eran palabras dichas en voz alta o cantadas; la palabra amuleto o talismán en inglés es *charm* y, en francés, *charme*, que significa "canción". Un buen ejemplo de amuleto de este tipo, es la bendición que el sacerdote da al final de la misa o el servicio religioso. Posteriormente, cuando la gente empezó a escribir las palabras, a los amuletos se les asoció con objetos físicos; sin embargo, el poder de las palabras todavía prevalece.

Tengo un buen amigo que se gana la vida como mago pero también disfruta mucho apostar. Cada vez que entra a un casino, se dice "¡Abracadabra!" a sí mismo porque le parece una palabra afortunada: los magos la usan como encantamiento, y mucha gente, como los apostadores, para tener suerte adicional en un determinado propósito.

En esta sección encontrarás una palabra que, por alguna razón, te parecerá que va bien contigo. Es posible que te guste cómo suena o, tal vez, te agrade leerla. Tal vez decidas usarla precisamente porque no la escuchaste antes. En una ocasión, alguien mencionó la palabra *nefer*, y desde entonces la uso. Pero vaya, sin importar tu razón para elegirla, usa tu palabra cada vez que necesites ayuda o suerte adicional para lo que haces. En realidad, no debes creer que la palabra posee cualidades; lo que pasa es que, cada vez que la repitas y escuches, recordarás el concepto de suerte, y eso te hará más receptivo a las oportunidades.

60. ABRACADABRA

La historia de esta palabra es tan larga, que sus orígenes se pierden en el tiempo. El primero que la escribió fue el médico romano Quintus Serenus Sammonicos, en 208 d. C., pero se cree que es mucho más antigua. Es posible que provenga de la frase caldea *abbada ke dabra:* "Perece como la palabra."[20]

El talismán de abracadabra consiste en nueve renglones. El primero contiene la palabra abracadabra y, en los siguientes, se va dejando fuera una letra hasta llegar al último renglón que sólo tiene "A".

ABRACADABRA

ABRACADABR

ABRACADAB

ABRACADA

ABRACAD

ABRACA

ABRAC

ABRA

ABR

AB

A

Esta figura crea un embudo que produce una poderosa energía para vencer cualquier mal. En la Edad Media se usaba alrededor del cuello como amuleto para alejar a la enfermedad. Hace muchos años crucé una playa al atardecer, y de pronto descubrí que alguien había pintado el talismán en la arena. ¡Espero que le haya dado buena suerte!

A pesar de que en la actualidad la palabra *abracadabra* la utilizan principalmente los magos infantiles, no ha perdido su poder. De hecho la puedes decir cada vez que necesites algo de magia poderosa en tu vida porque es un amuleto hablado muy fuerte.

61. *KUWABARA*

Kuwabara es una palabra japonesa que la gente usaba en la Antigüedad para llamar a los dioses. Originalmente era el nombre de un pueblo. En una ocasión, un dios del rayo cayó de las nubes, y una jovencita del lugar lo ayudó a volver al cielo. El dios se lo agradeció y le dijo que, para recompensarla, los rayos jamás dañarían a su pueblo.

Los japoneses dicen "Kuwabara, kuwabara", y los occidentales "toco madera". Este talismán aleja la mala suerte y atrae la buena.

62. *BEDOOH*

En algunas partes del Medio Oriente, Turquía e Irán, se considera que "bedooh" es una palabra mágica. Proviene de una árabe que significa "él camina bien", y se puede grabar en sellos, gemas, espadas y cascos para crear un amuleto protector que trae suerte. El escritor sufí Ahmad ibn Ali al-Buni (fallecido en 1225), escribió: "Quien lleve esta palabra grabada en un rubí montado en oro, tendrá buena fortuna constante."[21]

63. MAHURAT

Mahurat es palabra hindi que significa "momento de suerte", y se usa generalmente cuando se inicia un proyecto. En Hollywood, los cineastas indios le dieron el nombre de Día Mahurat a aquel en que se anuncia un nuevo proyecto fílmico.

Los días en que se celebran bodas, bautizos, ceremonias de imposición de nombre, mudanza a una nueva casa o primer día en un nuevo empleo, también son Días Mahurat. En India, los granjeros usan esta palabra para referirse a las fechas de actividades importantes como los días de siembra o cosecha.

¡Tú puedes tener tu propio Día Mahurat cuando quieras!

64. PROSIT

La palabra *Prosit* o *Prost* se usa para brindar en Alemania y Escandinavia. Significa "que nos beneficie", y es una manera de desear buena salud y buena suerte. También se puede usar "Buena suerte" para brindar.

65. HANDSEL

Un *handsel* es un pequeño obsequio para desear a alguien buena suerte. Esta palabra también se usa para referirse al primer pago que alguien recibe. Podría ser, por ejemplo, el primero salarial en un nuevo empleo, la primera venta de un negocio recién abierto, o el primer obsequio de cumpleaños. *Handsel* proviene de una antigua palabra nórdica que significa "transferencia legal".

66. FU

Fu o *Hu* es la palabra china para "buena suerte". Para ser más precisos, significa "la buena suerte viene". En el Año Nuevo chino se imprimen y pegan miles de carteles con esta palabra, y en ellos se puede ver el símbolo de *fu* impreso de cabeza porque la palabra en chino que significa "de cabeza" suena igual a la palabra "viene".

67. NEFER

Los antiguos egipcios daban varios significados a la palabra *nefer*. Todos eran positivos, y entre ellos se incluían: bondad, perfección, belleza y buena suerte. El nombre de la reina Nefertiti, de hecho, proviene de esta palabra, y por eso su imagen más famosa la muestra con un collar de cuentas de oro, también denominadas *nefer*. El jeroglífico de *nefer* parecía un laúd parado y por eso las cuentas tienen esa forma. La gente con dinero usaba como amuleto pequeñas gemas rojas talladas con forma de *nefer* en muñecas y cuello.

68. MAZEL TOV

Mazel tov es una frase hebrea que significa "buena suerte"; sin embargo, no es un deseo, más bien significa que se presentó un momento afortunado. Decirle "Mazel tov" a alguien es, por lo tanto, como decir "¡Qué afortunado eres!".

La palabra *mazzal* pertenece al hebreo rabínico y significa "constelación de estrellas". Esto relaciona la frase *mazel tov* con la idea de nacer bajo el auspicio de una estrella afortunada o, quizá, una buena constelación de estrellas.

69. NAMASTE

Namaste deriva de dos antiguas palabras en sánscrito que significan "me inclino ante ti". Es un saludo tradicional indio en el que se juntan las manos con los dedos señalando hacia arriba, frente al pecho, y luego uno se inclina ligeramente y dice "Namaste". Este ademán indica el profundo respeto que se siente por la persona a la que se saluda, y como no implica contacto físico, se puede usar cuando se conoce a gente de un estatus o género distinto.

70. FELIZ CUMPLEAÑOS

El día que una persona cumple años, hay que decirle "feliz cumpleaños" lo más temprano posible porque, de esa manera, se le atrae buena suerte, y también para quien felicita. A los niños hay que felicitarlos en cuanto se despierten para brindarles, además de buena suerte, protección.

La tradición de decir "feliz cumpleaños" es muy antigua y, según se cuenta, en un principio se usó para proteger a las personas de espíritus malignos atraídos por la celebración de cumpleaños. Antes se creía que estos espíritus eran particularmente peligrosos en momentos de transición, y por eso los cumpleaños les ofrecían una doble oportunidad para causar daño a la persona celebrada.

Capítulo cuatro

Cristales y gemas de la suerte

Introducción

A la gente le gusta coleccionar cristales y gemas debido a su belleza. Sin embargo, a lo largo de la historia también se han atesorado por sus propiedades místicas. De hecho muchos académicos creen que, al principio, en la Antigüedad se usaron gemas como amuletos y talismanes, no solamente como artículos ornamentales. Todos los cristales y las gemas contienen energía, pero se cree que algunos en especial son auspiciosos para quien los usa.

Las gemas "de la suerte" se pueden usar de distintas maneras. Por ejemplo, las puedes exhibir en una pequeña vitrina, frotarlas cada vez que necesites ayuda o buena suerte; puedes elegir una en especial y usarla como anillo, brazalete o collar; o quizá llevarla contigo en tu bolsillo o bolso. Tócala, sostenla o frótala siempre que te parezca necesario.

A mí me gusta traer una gema en el bolsillo como talismán. Me agrada cómo se siente en mi mano, y cuando la manipulo siempre recuerdo lo afortunado que soy. Si no la traigo conmigo, hago algo que me parece muy útil: imagino que traigo una en el bolsillo. Esta gema imaginaria me brinda protección, armonía, y la capacidad de cuidarme y defenderme sin importar lo que ocurra. Gracias a esto, todo el día me siento confiado, relajado y listo para recibir a la suerte.

Si te agrada la idea de llevar contigo una gema o un cristal, elige el más atractivo que puedas; guárdalo en tu bolsillo o bolso, y frótalo de vez en cuando. Cada vez que lo hagas, recuerda que se trata de un amuleto; esto te permitirá pensar en la suerte y, gracias a eso, las oportunidades seguirán llamando a tu puerta.

A continuación te presento algunas de las piedras semipreciosas más importantes y sus significados "de la suerte".

71. ÁGATA

La ágata es una variedad de cuarzo en varios colores: blanco, gris, naranja, azul, rojo, negro y con franjas. Ha sido usada para hacer joyas desde los tiempos babilónicos. Se le considera una piedra que brinda fuerza y protección; aceptación y fortaleza para seguir adelante a pesar de las circunstancias.

72. ALEJANDRITA

Cuenta la leyenda que esta piedra recibió su nombre gracias a Alejandro II, heredero al trono de Rusia, debido a que se descubrió el día que cumplió veintiún años (29 de abril de 1839). La alejandrita es peculiar porque se ve de color verde a la luz del día, pero bajo luz artificial se torna roja. La gente la usa para atraer al amor y la buena suerte.

73. AMAZONITA

Es un cristal azul verdoso, más bien opaco, que se encuentra principalmente en Rusia. Ayuda a establecer metas que valgan la pena y ofrece la motivación que te permitirá alcanzarlas.

74. AMATISTA

Es una piedra violeta que usaron los antiguos griegos para curar la ebriedad. Es muy poderosa para aliviar dolores de cabeza, dormir bien por la noche; y alienta la espiritualidad y la sabiduría. Se cree que, como la amatista aumenta la intuición, también fomenta la buena fortuna de todas las maneras posibles.

75. AGUAMARINA

Es una gema azul verdosa que elimina el estrés y las preocupaciones. Se le encuentra en muchos lugares del mundo pero las de mejor calidad vienen de Brasil. Provee tranquilidad, felicidad y valentía.

76. AVENTURINA

Es una cuarcita en varios colores, entre ellos, amarillo, verde, azul y rojo. Se le considera una piedra de casualidad y suerte, por esto encanta a los apostadores. También apacigua emociones y tiene un efecto estabilizador en el cuerpo.

77. CORNALINA

Es una gema rojizacafé de India y Sudamérica. Ofrece energía física cuando se le necesita. Se cree que da suerte a las personas de tipo atlético. También ofrece fortaleza interior y sentido del humor. Napoleón colgaba una cornalina de la cadena de su reloj, como amuleto de protección.

78. OJO DE GATO

Cuando se le hace un corte convexo a esta gema, queda a la vista una franja luminosa que parece, precisamente, un ojo de gato. Esta piedra te ayuda a aceptar y entender a otros. Ofrece reflexión, protección y buena suerte; también incrementa la determinación, la persistencia y las grandes ambiciones.

79. Citrino

El citrino es una piedra amarilla, anaranjada o dorada de la familia del cuarzo. Mejora el funcionamiento de la mente, y trae fortuna a quien hace negocios. Se debe guardar en el cajón del dinero en efectivo o donde se guarden los valores del negocio. También se le puede portar o usar como adorno para la buena suerte en proyectos financieros. Algunos la llaman "piedra del comerciante" o "piedra del dinero" porque atrae recursos económicos.

80. Diamante

Es una forma transparente del carbón puro, con la superficie más dura conocida. Los diamantes son los "reyes de las gemas" y durante muchos años se han considerado símbolo universal del amor. También son útiles para quien hace negocios porque atraen a la suerte en transacciones financieras. Quizá esto explique por qué mucha gente de negocios exitosa usa anillos y otras joyas con diamantes.

81. Esmeralda

Es un berilo verde brillante. Era sagrado para la diosa Venus, y la gente siempre la ha relacionado con el amor. Por ello es muy común como regalo para una persona amada, ya que garantiza una relación duradera y feliz. La esmeralda también tranquiliza mentes preocupadas y atrae prosperidad.

82. Granate

A los granates se les puede encontrar en muchos colores, pero predominan los rojos. Estas gemas dan buena suerte en los negocios y a quienes desarrollan una carrera en particular. Si la tuya no avanza con la rapidez que te gustaría, pon sobre tu escritorio algunos granates en un estuche. También alimentan la confianza en uno mismo y la autoestima.

83. HEMATITA

Es es la versión mineral del óxido de hierro. Por lo general es de color gris aceroso, pero también se le encuentra en negro, café o rojo con tonos marrones. A veces la llaman "la piedra que sangra" porque si se le frota contra una superficie especial, revela una franja rojiza. La hematita brinda valor y motivación, y te permite entender motivos y acciones de otros. Si necesitas más suerte en tu matrimonio o tus relaciones personales, ésta es la piedra perfecta.

84. JADE

Podría decirse que es *la* piedra de la suerte por excelencia. Los aborígenes maoríes de Nueva Zelanda atesoran el jade verde porque les trae buena fortuna, y es muy común ver que las familias se transmiten por generaciones amuletos de jade bellamente tallados, o los fallecidos son enterrados con los talismanes de esta piedra que tuvieron en vida.

En la Antigüedad, los únicos autorizados para usar jade en la India eran los miembros de la realeza porque se le consideraba una piedra demasiado poderosa. La gente común que tenía jade, era ejecutada.

En China se ha atesorado por más de cuatro mil años y, con frecuencia, se porta para protección y buena fortuna. El jade simboliza constancia, nobleza e inmortalidad. En la Antigüedad se regalaba a los niños recién nacidos un brazalete de jade para alejar la mala suerte. Si el brazalete permanecía intacto, el niño siempre gozaría de buena fortuna. Se cree que las mariposas de jade dan buena suerte en el amor, y es común que un hombre que se acaba de comprometer regale a su prometida una mariposa de jade.

85. JASPE ROJO

Es un tipo de calcedonia y, por lo general, rojo, amarillo, marrón o verde. El jaspe rojo elimina estrés y ansiedad; es una piedra de protección muy poderosa. Confiere valor, independencia y sentimientos de seguridad personal. Reduce el estrés y ayuda a dormir bien por la noche. Se considera que trae buena suerte a la gente que desarrolla alguna actividad frente al público.

86. IMÁN

La magnetita o imán es un mineral magnético de hierro. Se le considera de buena suerte desde hace por lo menos cuatro mil años. Plinio el Viejo escribió que lo descubrió un pastor griego llamado Magnes, quien observó que se pegaba a los clavos de sus zapatos. Alejandro el Griego les dio imanes a sus soldados como amuletos de buena suerte.

Se asocia con el amor porque, como la magnetita atraía al hierro, simulaba la atracción entre los amantes. La gente comenzó a usarlo para atraer a la pareja correcta. En chino, la palabra para denominar al imán es *t'su shi*, que significa "piedra del amor".

Los hombres aumentan fuerza, valor, virilidad y buena suerte si usan o traen consigo piedra imán; no obstante, ¡las mujeres no deben usar magnetita jamás!

87. MALAQUITA

Es una mena de cobre que contiene patrones lineales de verde claro y oscuro. Hace seis mil años, los antiguos egipcios extrajeron malaquita de las minas para fabricar amuletos y talismanes. Como creían que protegía a los niños más pequeños, era común que la gente colgara adornos fabricados con ella en las cunas.

En la Edad Media la gente la usó para protegerse del mal; muchos creían que en cuanto se presentara algún peligro, la piedra se rompería en pedazos y eso les daría tiempo suficiente para escapar o confrontar el mal.

A la malaquita también se le conoce como "piedra del vendedor" porque, al parecer, confiere protección, confianza astucia y capacidad de realizar transacciones; por eso muchos vendedores la usan o portan.

En la actualidad, es una de las piedras más populares en amuletos.

88. Piedra lunar

Es sagrada en la India, donde se cree atrae buena suerte a cualquiera. También se vende mucho como regalo para enamorados y amantes porque enciende las pasiones y permite a las parejas pensar en su vida futura juntos.

A la piedra lunar se le relaciona con los ciclos lunares desde la época de los romanos, y por eso siempre ha sido un amuleto popular para las mujeres.

La expresión en inglés *"Once in a blue moon"* ("cada que sale la luna azul"), se deriva precisamente de la piedra lunar. La gente en India cree que cada veintiún años el sol y la luna se yuxtaponen de manera especial y, cuando esto sucede, es posible encontrar piedras lunares de color azul en las bahías. La piedra lunar siempre ha sido muy popular entre la gente que necesita rodearse de un ambiente más propicio.

89. Cuarzo

Uno de los minerales más comunes en el mundo. En el Templo de Luxor, en Egipto, se han encontrado grandes cristales de cuarzo, lo cual demuestra que la humanidad ha usado esta piedra, por lo menos, durante ocho mil años. En la antigua Grecia se acostumbraba sostener un cuarzo mientras se oraba. La gente creía que de esa manera recibiría respuesta a sus súplicas.

El cuarzo claro ofrece energía y vigor. El rosa pálido propicia lealtad, amor y fertilidad. Las variedades de cuarzo claro y rosado se usan con mayor frecuencia para atraer la buena suerte.

90. Cuarzo ahumado

Es un tipo de dióxido de silicio. Tiene tonalidades que van del café al negro, y su apariencia ahumada se debe al silicio libre. Se cree que ayuda a mantener los pies bien puestos sobre la tierra. Alimenta creatividad, alegría, y ayuda a tener una actitud positiva. Confiere fortaleza, resistencia y determinación; por todo lo anterior, sirve mucho a los atletas para mantenerse positivos y motivados.

91. Rubí

Piedra legendaria de la India. Las estatuas de Buda generalmente tienen un pequeño rubí en la frente porque el rojo es símbolo de reencarnación. Los primeros cristianos creían que el rubí era la piedra más valiosa de todas; tenían la idea de que Dios le ordenó a Aarón llevar uno colgado del cuello. Aarón también tenía uno en su peto de gemas.

Al rubí siempre se le ha considerado piedra positiva y gozosa. De hecho, entre más rubíes tengas, ¡más feliz serás! Además, siempre tendrás mucha buena suerte.

92. Sodalita

Gema de color azul Francia que se encuentra en Groenlandia y el norte de Canadá. Contiene algunas trazas de calcita blanca. Se dice que calma la mente, elimina preocupaciones y ofrece paz interior. Se le considera piedra de la suerte para escritores y personas que se desempeñen en ámbitos de la comunicación.

93. Ojo de tigre

También se le llama "piedra de la independencia" porque ofrece seguridad y confianza. En algunos lugares se le usa para protegerse del mal de ojo. No obstante, en la mayoría se aprovechan sus cualidades para atraer buena suerte. Debido a que se le relaciona con independencia y buena fortuna, se dice que el ojo de tigre es particularmente útil para empresarios y gente con grandes sueños.

94. Turmalina

Se encuentra en casi todo el mundo. También conocida como "gema del arcoíris" porque se encuentra en todos los colores de este fenómeno natural. Algunas turmalinas incluso cambian de tonalidad según se les vea con luz natural o artificial. Como algunas de estas gemas tienen dos colores, ofrecen suerte adicional si es necesaria.

La turmalina negra aleja la negatividad y ofrece alegría y buena suerte. La verde atrae éxito mundano, y la rosa, amor y amistad.

95. Turquesa

Es la más usada como amuleto en el mundo; se ha aprovechado para buena fortuna durante miles de años. Es una gema popular para los amantes; se dice que, cuando el amor se acaba, la piedra pierde su color. Mucha gente también cree que esta pérdida puede deberse a alguna amenaza sobre la suerte o la salud. Si esto sucede, es necesario remplazarla con una de color más firme y brillante.

En los países árabes, a muchos caballos les cuelgan amuletos de turquesa para protegerlos a ellos y a sus jinetes. Es muy probable que esta tradición comenzara en la antigua Persia; como se creía que los caballos jalaban al sol en los cielos, y la gente se acordaba del sol cuando veía turquesas, se convirtió en amuleto natural. Turquesa, en árabe, se dice *fairuz*, palabra que también se puede interpretar como "piedra de la felicidad" o "piedra de la suerte".

En Medio Oriente se le usa para desviar las miradas malévolas del mal de ojo, y en el Tíbet para proteger a las figuras religiosas.

No resulta sorprendente que sea considerada una "piedra de la suerte", ya que atrae amor, felicidad y prosperidad.

96. PIEDRAS NATALES

La creencia de que a cada mes del año le corresponde una piedra especial, se puede rastrear hasta el libro *Las antigüedades de los judíos* del historiador del siglo I, Flavio Josefo. Relacionó las doce gemas del bíblico peto de Aarón, con los doce meses del año. Sin embargo, la tradición de usar la gema vinculada con el mes de nacimiento de una persona, data del siglo XVIII en Polonia.[22] En general, la gema que corresponde a tu mes de nacimiento da buena suerte. Debo mencionar, sin embargo, que la lista de piedras asignadas a los doce meses ha cambiado y las gemas usadas comúnmente en la actualidad, no necesariamente son las mismas del peto de Aarón.

Aquí está la lista publicada por la Cámara Industrial de la Joyería de Estados Unidos en 1952.

> Enero - Granate (constancia)
> Febrero - Amatista (sinceridad)
> Marzo - Aguamarina (reflexión) o heliotropo
> (valentía)
> Abril - Diamante (inocencia)
> Mayo - Esmeralda (felicidad en el amor)

Junio - Perla (pureza), piedra lunar (pasión), o alejandrita (suerte)

Julio - Rubí (pureza)

Agosto - Peridoto (belleza) o sardónice (matrimonio feliz)

Septiembre - Zafiro (amor)

Octubre - Ópalo (esperanza) o turmalina rosa (amor)

Noviembre - Topacio (fidelidad) o citrino (claridad de pensamiento)

Diciembre - Turquesa (prosperidad) o circonio (éxito).

La lista de Orfebres Británicos es casi igual, pero no incluye la alejandrita (junio), la turmalina rosa (octubre), ni el circonio (diciembre). Además, los británicos tienen dos que no aparecen en la lista de la Cámara de la Industria Joyera: cristal de roca para abril, y lapislázuli para septiembre.

Capítulo cinco

Amuletos

INTRODUCCIÓN

A lo largo de la historia, la gente siempre ha portado amuletos y talismanes para atraer buena suerte y alejar la mala; y es que, un amuleto o talismán puede ser muy poderoso al tocarlo o poseerlo. Desde cualquier perspectiva, este fenómeno resulta fascinante.

Hace algunos años mi pequeña nieta, de siete, empezó a sufrir de ansiedad cada vez que se alejaba de casa. Mi hija le confeccionó un corazoncito de peluche como amuleto para que lo estrujara cada vez que se sintiera insegura. El corazoncito medía unos cinco centímetros y la tela tenía los colores favoritos de mi nieta. Mi hija le dijo a Ava que cada vez que lo sostuviera o tocara, le recordaría que su familia la amaba. El pequeño amuleto funcionó sorprendentemente bien, y gracias a él, todos los síntomas de ansiedad desaparecieron en unas semanas.

Yo tengo una bellota de la suerte junto a mi computadora. Cada vez que me cuesta trabajo escribir, sostengo mi bellota y recuerdo el día que Ava me la regaló, cuando tenía cuatro añitos. Luego la escritura fluye de nuevo.

¿En verdad creo que la bellota me da suerte? Bueno, en realidad no es necesario creer. La bellota funciona porque me trae recuerdos felices y me hace sentir bien. Y como de pronto me siento positivo y lleno de energía, la suerte viene a mí.

Muchos equipos deportivos tienen mascotas porque creen que les traerán buena suerte. La palabra "mascota" viene de la francesa *masco*, que significa "hechicera". La hechicera repele a los espíritus malignos y otros tipos de negatividad. Recuerda que cualquier cosa puede servir como mascota, amuleto de la suerte que traen fortuna a un grupo más que a un individuo.

Los amuletos funcionan por la fe que se tiene en ellos. Sin embargo, las personas que tienen fe en sus amuletos, también son proclives a creer que los sucesos de su vida derivan de sus pensamientos y acciones. Aunque sea de una manera subconsciente, saben bien que la preocupación y la incertidumbre provocan accidentes y desilusión, en tanto la confianza y una actitud positiva propician el éxito.

Los amuletos ayudan a la gente a mantener una visión positiva de la vida y a tener más suerte que nunca.

Aunque algunas personas creen que los amuletos sólo son superstición, un estudio realizado recientemente por investigadores de la Universidad de Colonia descubrió que estos objetos mejoran memoria, desempeño y confianza de la gente.[23]

Prácticamente puede ser amuleto cualquier cosa. Tengo un amigo que siempre lleva una moneda de la suerte en el bolsillo, y sé que toma el asunto muy en serio a pesar de que siempre hace bromas y dice que, de por sí, ya *cualquier* moneda que llegue a sus manos es producto de la suerte. Por lo general, me gusta usar como amuleto alguna moneda extranjera recibida en otro país, pero también las monedas locales funcionan muy bien, particularmente si encuentras una acuñada el año que naciste. Es recomendable separar tu moneda de la suerte del cambio que siempre traes en el monedero o la cartera, y que durante el día, siempre que tengas oportunidad, la acaricies y le agradezcas la buena fortuna que te brinda.

97. Bellota

El roble se considera sagrado en la mitología nórdica. Se dice que los antiguos druidas usaban bellotas para atraer la buena suerte. Como la pequeña bellota se puede transformar con el tiempo en un imponente roble, este fruto es símbolo de vigor, poder y longevidad, además de buena fortuna.

98. Anj

Es una antigua cruz egipcia que simboliza a la vida; tiene forma de "T" con un óvalo en la parte superior. Es muy frecuente ver imágenes de los faraones con un anj en la mano. Este amuleto ofrece protección y buena suerte.

La mayoría de la gente lo lleva colgado del cuello con una cadena. Si decides usar este objeto, es importante tocarlo cada vez que tengas conciencia de él, y recuerdes lo afortunado que eres.

99. Diente de tejón

En el siglo XIX los apostadores cosían un diente de tejón en el bolsillo derecho de sus chalecos cuando jugaban cartas. A mí me parecía una idea bastante vieja y fuera de moda hasta que, hace unos meses, vi a alguien con uno de estos amuletos en un casino en Phoenix.

100. Abeja

Los antiguos babilonios, egipcios y griegos consideraban sagradas a las abejas y, por ello, siempre han sido símbolo de buena suerte. Si una abeja entra a tu casa y luego sale, es símbolo de buena fortuna. Si entra pero no sale, es señal de que tendrás un visitante. No obstante, si la abeja muere en tu hogar, es mal augurio. Los amuletos con forma de abeja aumentan tu popularidad y te brindan fortuna.

101. Ave

Un amuleto o talismán en forma de ave incrementa tu energía, felicidad y potencial para tener buena suerte. Siempre se ha pensado que las aves son las mensajeras entre cielo y tierra y, debido a eso, el amuleto de ave también mejora tus habilidades para la comunicación.

102. Azul

Es el color de la suerte por excelencia. Esto se debe a que en el pasado la gente creía que el paraíso estaba en el cielo y, como el cielo era azul, seguramente era el color preferido de Dios. Incluso en la actualidad hay personas que usan cuentas azules porque creen que este color es de buena suerte y puede repeler la negatividad en todas sus formas. De hecho hay un viejo adagio que dice: "Toca algo azul, y tus deseos se harán realidad."

La tradición de usar algo azul para la buena suerte se remonta a siglo y medio, aproximadamente. Desde siempre se ha acostumbrado que las novias porten algo azul; sin embargo, en el siglo XIX los hombres también usaban medias con soportes azules, las mujeres cuentas de este color, y a los niños les ataban listones azules al cuello. Todo para atraer buena suerte.[24] Si tú necesitas sentirte más afortunado, debes usar algo azul; cada vez que notes la prenda de ese color, piensa en lo mucho que deseas que te acompañe la buena fortuna.

103. Castaño de Indias

Hermosas nueces tersas de color café que tienen un lado plano y otro curvo. En inglés se llaman *"buckeye"* (ojo de venado) porque en el lado plano tienen algo que semeja el ojo de este animal.

Hay muchos lugares en el mundo en que la gente lleva siempre consigo un castaño de Indias para atraer la buena suerte. Cuando yo era niño iba a la escuela caminando y siempre pasaba junto a un castaño de Indias. En la escuela me hice bastante popular porque cuando caían semillitas del árbol, las recogía y se las llevaba a mis compañeros: ¡recuerdo que les encantaba sentirlas entre sus manos!

Tal vez por esta razón el humilde castaño se volvió un amuleto. Es posible que a la gente le haya agradado levantar las semillas para tocarlas y conservarlas. Como yo me he vinculado toda la vida con los castaños, podría decir que es mi amuleto preferido. ¡Pero ojo! A diferencia de las castañas comunes, el castaño de Indias no puede comerse.

Ver también CASTAÑAS

104. MARIPOSA

Además de buena suerte, un talismán de mariposa aumenta tu disposición para divertirte, tu *joie de vivre*. Las mariposas simbolizan libertad, buena salud y felicidad. Y claro, siempre se considera buena señal que una mariposa blanca se pose cerca de, o sobre ti.

105. BOTONES

Traen suerte particularmente si los encuentras por casualidad o te los regala un amigo porque simbolizan amistad. De hecho, un botón brillante atraerá nuevos amigos. Un botón solo, en especial si te lo dio alguien, también es un excelente talismán. Asimismo, es muy útil tener un frasco lleno de botones y agitarlo cuando necesites buena suerte. Mi abuela tenía una lata llena y, cuando éramos pequeños, a mi hermano, mis hermanas y a mí nos fascinaba agitarlo para que nos trajera buena fortuna. Algunas personas incluso fabrican brazaletes con los botones que reciben; ésto no solamente da buena suerte, también protege y mantiene intacta la amistad del portador con la o las personas que se los obsequiaron.

Cuando te vistas es importante insertar todos los botones en los ojales correspondientes. De no hacerlo, tendrás mala suerte. Pero no debes preocuparte: es perfectamente posible remediar la situación si te quitas la prenda y te la vuelves a poner.

106. CAMAFEO

Medallones o broches que tienen el perfil de una cabeza o un paisaje en el frente. Por lo general se fabrican con piedra dura como ónix y tienen un grabado en relieve contra un fondo de distinto color. El camafeo necesita pertenecerte y ser amado por siete años antes de ser amuleto. Por lo general son reliquias de familia que pasan de una generación a otra. Confieren buena suerte y felicidad a quien los usa, y esta buena suerte continúa por generaciones mientras la joya permanezca en la familia.

107. GATO

A lo largo de la historia a los gatos se les ha considerado animales tanto de buena como de mala suerte. Para los antiguos egipcios eran sagrados, y matar uno era una ofensa que merecía pena de muerte. Freya, la diosa nórdica del matrimonio, se transportaba en un carruaje jalado por gatos. Cuando trataron de erradicar las prácticas paganas, los cristianos acusaron a la diosa de brujería, y los gatos que la acompañaban también fueron blanco de denuncias; así fue como la gente empezó a creer que los gatos eran agentes de Satanás. Incluso en la actualidad existe la impresión popular de que una bruja siempre es una anciana acompañada de un gato negro. Su imagen mejoró cuando los combatientes regresaron a casa de las Cruzadas y trajeron a las ratas negras con ellos. Esto provocó la Gran Plaga que mató a millones de personas, por lo que, de pronto, la gente necesitó de nuevo a los mininos.

Como los gatos son sensibles, independientes y gozan de estar en exteriores por la noche, la gente siempre ha creído que tienen habilidades psíquicas. Un amuleto de gato sirve para desarrollar potencial psíquico y atraer la buena suerte. Los amuletos de gatos con muchos colores, son particularmente auspiciosos.

En Japón, los dueños de las tiendas suelen tener un talismán para atraer clientes llamado *maneki neko*. Se trata de un gato de porcelana sentado con una patita levantada en el aire. Parece que te saluda, pero en realidad llama a la riqueza. En muchos restaurantes asiáticos y tiendas orientales, es posible ver distintos ejemplos de *maneki neko*.

108. Castañas

Las castañas han sido símbolo de buena suerte durante miles de años. Tal vez porque es agradable sostenerlas pero, más probablemente, por ser un alimento de invierno. En la antigua astrología china, la castaña correspondía al otoño y el Oeste.

Ver también CASTAÑO DE INDIAS

109. Carbón

En el pasado, soldados, ladrones y quienes llevaban a cabo trabajos peligrosos, siempre llevaban un pedacito de carbón para atraer la buena suerte. El carbón es especialmente bueno si te lo da un deshollinador. Lo puedes guardar en tu bolso o bolsillo. Si encuentras un trozo mientras caminas, en lugar de conservarlo puedes escupirle y luego arrojarlo por encima de tu hombro izquierdo para asegurarte buena suerte. ¡Pero no mires atrás para ver dónde cayó!

También traer algo de carbón a casa el día de Año Nuevo para que tú y tu familia gocen de prosperidad el siguiente año. Esto tiene que ser lo primero que hagas cuando te levantes, y el carbón debe llegar por la puerta del frente.

Una encantadora tradición teatral dice que puedes arrojar un bulto de carbón del escenario hasta la galería para garantizar el éxito de cualquier obra nueva.

110. MONEDAS

El concepto de las monedas de la suerte viene desde los antiguos griegos, quienes las arrojaban a los pozos para que siempre hubiera agua. Incluso en nuestros tiempos se considera de buena suerte lanzar una moneda a una fuente, río o pozo. Mucha gente siempre trae consigo una monedita de la suerte para atraer buena fortuna. La mejor que puedes traer contigo es una acuñada el año de tu nacimiento; y algunos dicen que la acuñada en año bisiesto trae el doble de suerte que una ordinaria. La primera que recibes al principio del Año Nuevo, también es de buen agüero y no debes gastarla: consérvala los siguientes doce meses.

Algunas personas siempre traen monedas en los bolsillos de su ropa o en su mochila o bolso porque eso les traerá más dinero.

Asimismo, si algún día encuentras tres monedas del mismo año en tu bolsillo, tu suerte aumentará de repente; lo mismo sucederá si encuentras una con la cara hacia arriba; y si en la cocina aparece una monedita acuñada en año bisiesto, ¡mejorará la suerte de todo el hogar!

También las dobladas son muy buenos amuletos; pero no debes doblarla tú mismo, debes encontrarla así.

Una antigua tradición advierte que si tienes una moneda de plata en tu bolsillo y ves la luna llena o nueva, debes voltearla y pedir un deseo que se te concederá. Si la luna está en cuarto creciente (cuando el cuarto apunta a la izquierda), y tú fuera de casa, voltea todas las monedas de tu bolsillo. Esto te traerá suerte todo el mes siguiente. Pero presta atención: es importante no sacar las monedas del bolsillo cuando las voltees.

También transforma una en dije y guardarla en tu bolsillo. Cuídala: si la pierdes, tu suerte podría disminuir.

Siempre que encuentres una debes recogerla sin importar su baja denominación porque encontrar dinero siempre es de buena suerte... ¡y uno nunca debe darle la espalda!

Si estrenas una prenda con bolsillo, mete una monedita para que siempre que la pongas tengas suerte.

111. Cuerno de la abundancia

También conocido como cornucopia, es un cuerno del que se desparraman flores, frutos y granos. Este concepto forma parte de la mitología griega. Se dice que Zeus rompió accidentalmente el cuerno de la cabra que lo amamantaba, y cuando se lo dio a su nana, del cuerno se derramaron cantidades ilimitadas de alimento y bebida. Desde entonces ha sido símbolo de abundancia y buena suerte. Si usas un amuleto con forma de cornucopia, siempre tendrás lo que necesites.

112. Grillos

Durante miles de años se ha creído que dan suerte. Su canto acompaña a los humanos y les advierte del peligro ya que, a la primera señal de que algo anda mal, callan. Como podrás imaginar, es de mala suerte matar uno. En la antigüedad se usaban amuletos en forma de grillo para evitar el mal de ojo. En China guardaban a estos insectos en jaulitas porque simbolizaban el verano, la valentía, la felicidad y la buena suerte. Hoy en día se usan amuletos o talismanes en forma de grillo para atraer felicidad y fortuna.

113. Margaritas y dientes de león

Simbolizan amor y romance. Casi toda la gente arranca alguna vez pétalos a una margarita al mismo tiempo que recita "Me quiere, no me quiere…" con la esperanza de que el último pétalo sea la respuesta afirmativa. Y cuando éramos niños soplábamos a los algodonosos dientes de león para ver si todos sus vilanos volaban de golpe. Otra opción era pedir un deseo, cerrar los ojos, y luego soplarle: si se le caían todos los vilanos, el deseo se cumpliría.

Se cree que los amuletos con forma de margaritas o dientes de león traen buena suerte y atraen a la pareja adecuada.

114. Muñeco Daruma

Son los talismanes de la buena suerte más famosos de Japón. Daruma era un monje del siglo VI que meditó tanto tiempo que perdió la capacidad de mover brazos y piernas, por eso el muñeco tiene forma de huevo. Cuando se le golpea, cae pero se endereza de inmediato, lo que simboliza perseverancia, éxito al final del camino y buena suerte. Los nuevos traen los ojos blancos y para activar su poder es necesario pintar la pupila en uno de los ojos y pedir un deseo. Cuando se cumpla, se puede pintar el otro ojo. Luego se compra un muñeco más grande y se reinicia el proceso.

Los muñecos daruma se adquieren en tiendas de regalos y por internet. Yo los conocí hace ya muchos años en Japón, y desde entonces he tenido varios. Me gusta que te fuerzan a pensar en un deseo muy específico. Además, uno recuerda el deseo cada vez que ve el muñeco y, cuando por fin se cumple y ya se puede pintar el otro ojo, la persona conserva el recuerdo de un momento muy emotivo.

115. Perro

Los perros han sido nuestros mejores amigos por lo menos desde hace veinte mil años. Son amigables, leales, obedientes, cariñosos y compasivos. Se dice que los amuletos con forma de perro confieren todas estas cualidades, además de la suerte, a la gente que los usa. Los amuletos de perro se usan con frecuencia para protegerse del mal.

116. Delfín

Los amuletos con esta forma se han vuelto muy populares en los últimos años, y no resulta raro ya que estos mamíferos son amigables, inteligentes y juguetones. En las mitologías griega y etrusca siempre ayudaron a los seres humanos. Salvaron a muchas personas de ahogarse y llevaron sus almas hasta la Isla de los Bendecidos. Al poeta Arión, por ejemplo, lo salvaron cuando estaba a punto de ahogarse, y por eso en el Templo de Poseidón en Cape Sounio, Grecia, se erigió una estatua de él montando un delfín.

Se le considera un animal de buen agüero porque en la Antigüedad a los marineros les encantaba verlos nadar alrededor de sus barcos: su presencia significaba que ya estaban cerca de tierra. Los talismanes de delfines ofrecen protección y buena suerte.

117. Huevos

Simbolizan fertilidad, pureza, nacimiento y la Inmaculada Concepción. Con frecuencia aparecen en mitos creacionales de todo el mundo. Por todo lo anterior, se considera de buena suerte obsequiarlos; y es aún mejor regalar rojos porque ofrecen buena suerte y felicidad.

Los amuletos con forma de huevo por lo general traen un pollito saliendo del cascarón, y a veces rodeado de hierba y hojas.

118. ELEFANTE

Simbolizan sabiduría, fortaleza, fidelidad, prosperidad y longevidad. Ganesh, dios hindú de la sabiduría y la suerte, tiene cabeza de elefante. Estos amuletos o talismanes se popularizaron en Europa y Estados Unidos a principios del siglo XX. Los elefantes de los amuletos por lo general aparecen con la trompa levantada porque se cree que en esta posición dan más suerte.

119. TRÉBOL DE CUATRO HOJAS

Se consideran plantas de buena suerte desde hace miles de años; sin embargo, hasta ahora se desconoce el origen de esta tradición. Una antigua leyenda cuenta que Eva se llevó un trébol de cuatro hojas del Jardín del Edén cuando la expulsaron junto con Adán. Lo hizo para recordar la feliz existencia que ahí tuvo y perdió para siempre. También existe una vieja canción de cuna que vincula cada una de sus hojas con algún aspecto de nuestra vida:

Una hoja es para fama,
otra para riqueza,
la tercera para un amante fiel,
otra para la necesaria salud,
y todas nacen unidas
en un trébol de cuatro hojas.

Encontrar un trébol de cuatro hojas es excelente vaticinio; cuando te suceda, debes secarlo entre dos hojas de papel de china y guardarlo en un sobre de celofán o una bolsita de plástico. Mientras lo lleves contigo actuará como un potente amuleto de la suerte.

120. Rana

Eran tan importantes en el antiguo Egipto, que las embalsamaban al morir. En el siglo I d. C., Plinio el viejo (23-79) escribió que los amuletos de rana atraían amigos y al amor verdadero. Los griegos las asociaban con Afrodita debido a lo ruidoso de su cortejo, y así fue como se convirtieron en símbolo de fertilidad. También son muy populares como amuletos en Japón, en especial para los viajeros. Esto se debe a que la palabra japonesa para rana es *kaeru*, que también significa "volver a casa". Muchos japoneses llevan amuletos de rana en el mismo lugar donde guardan su dinero para asegurarse de no perderlo. En China simboliza un hogar y vida familiar feliz.

En América se cree que es de buena suerte que una rana entre a tu casa; además, se debe pedir un deseo al ver la primera rana de la primavera.

Los amuletos de rana son muy populares porque han atraído la buena suerte por al menos dos mil años.

121. Mano

Simboliza poder y fuerza. Siempre se ha considerado que los amuletos con forma de mano traen fortuna porque permiten recibir lo que nos corresponde por derecho. La palma de la mano ofrece protección, ya que puede empujar y alejar cualquier tipo de negatividad. Estos talismanes casi siempre son de la derecha porque se cree que es la mano de la suerte y también la de Dios. La izquierda solía asociarse con el demonio y, por lo tanto, se considera de mal agüero.

Algunos talismanes muestran la mano con dos dedos extendidos, y los demás cerrados porque es un símbolo de bendición.

122. Corazón

Los antiguos egipcios creían que el corazón era el asiento del alma y del intelecto, y el cuerpo moría cuando el alma abandonaba este órgano. Mucha gente cree que el día del juicio final su corazón será pesado, y sólo quienes tengan corazones perfectos podrán tener vida después de la vida. Hoy en día se cree que el corazón es un símbolo de amor puro, y por eso es común que los amantes intercambien amuletos con esta forma que representa el amor más perfecto. Además, estos amuletos ofrecen protección y buena suerte a quienes los usan.

123. Acebo

Era un símbolo de amistad en la Roma antigua, por eso la gente se lo regalaba entre sí. Poco a poco se le empezó a asociar con el amor y el matrimonio y, por eso, algunas personas solteras a veces usan un talismán de acebo para atraer pareja. La gente casada también usa estos amuletos para asegurar que su relación sea buena. Se dice que si colocas un amuleto de acebo bajo tu almohada se resolverán tus problemas maritales. Siempre se ha creído que el árbol de acebo es de buena suerte. Los antiguos druidas pensaban que tenía poderes especiales porque permanecía verde todo el invierno. Por otra parte, es de mala suerte cortar árboles sagrados.

124. Caballo

Por lo general, los amuletos con forma de caballo son de color blanco o negro. El blanco atrae la buena suerte, mientras el negro simboliza el misterio y la sofisticación. Aunque rara vez se les ve como talismanes, los caballos grises también representan un buen vaticinio, y es bueno ver uno inesperadamente. Todos los talismanes de caballo representan fortaleza y valor. En Oriente, es símbolo de felicidad y de una carrera exitosa;

y además, es uno de los doce animales pertenecientes al horóscopo chino.

125. HERRADURA

Traen suerte por varias razones. Para empezar, siempre se ha creído que los caballos dan suerte, las herraduras están hechas de acero, que también se considera propicio, y para terminar, la forma en U de la herradura es símbolo de protección.

Deben colgarse sobre el marco de la puerta, y mejor aún colgarlas en el exterior porque esto permite que la buena fortuna se acerque a la casa y a todos los que viven en ella. Si se cuelga la herradura con las puntas hacia arriba, adopta la forma de un recipiente de abundancia, y si las puntas están hacia abajo, esa misma abundancia se repartirá por toda la casa.

Naturalmente, puedes comprar una y colgarla sobre la puerta, pero se cree que la suerte será mayor si la encuentras o alguien te la regala. Si tiene clavos no deberás removerlos porque representan un año completo de buena suerte. Si te es posible, usa los de la herradura para fijarla. Siempre colócala con un número impar de clavos para maximizar la buena fortuna.

Encontrar una es un augurio extremadamente bueno. Si te llega a ocurrir, levántala y cuélgala en la entrada de tu casa. También puedes escupirle al mismo tiempo que pides un deseo; hecho eso, arrójala hacia atrás por encima de tu hombro izquierdo. Es muy importante que no mires atrás para ver dónde cayó y, sobre todo, si encuentras una recógela porque si sólo pasas junto a ella, ¡no recibirás ninguno de sus beneficios!

126. MUÑECA KACHINA

Son espíritus ancestrales protectores de la tribu norteamericana Hopi. Emergen de la tierra al principio del solsticio de invierno y ofrecen protección hasta el solsticio de verano. Las muñecas representan a estos espíritus ancestrales y están pintadas con seis colores que representan los seis puntos cardinales: amarillo para el norte, blanco para el este, rojo para el sur, turquesa para el oeste, negro para el cielo, y gris para la tierra.

Las muñecas kachina se exhiben en casa y también se pueden usar como juguetes infantiles porque se cree que el espíritu que representan traerá buena suerte al hogar si forma parte de la familia.

127. CATARINA

Generalmente se usan como broches para atraer prosperidad y buena suerte. También ver una es buen augurio y si se posa sobre ti todavía mejor. Cuando la tengas cerca cuenta sus lunares, ya que indican el número de meses de suerte que te esperan. Permite que la catarina vuele cuando esté lista porque si la obligas a irse, perderás toda la buena fortuna que te confirió al posarse en ti. Y sobre todo, ¡recuerda que es de muy mala suerte matar catarinas!

También se le conoce en castellano como "mariquita"; su nombre sajón, *ladybug*, lo obtuvo en la Edad Media. Entonces este insecto se relacionaba con la Virgen María y era conocido como *"beetle of our lady"* (escarabajo de nuestra señora).[25]

Cuando era niño me gustaba ponerme una catarina en el dedo y recitar una canción de cuna antes de soplarle. Siempre se iba, claro, pero la canción permanece en mi mente. La primera vez que se publicó fue en 1744:

Catarina, catarina,
Vuela y vuelve a tu hogar
que tu casa se quema
y tus niños ya volaron,

Todos menos una,
la pequeña Ann
que se escondió
bajo el cálido diván.

La explicación más lógica de esta antigua rima es la tradicional quema de los brotes de lúpulo después de la cosecha. Sólo se llevaba a cabo para limpiar los campos, pero muchas catarinas morían en el proceso.

128. Hojas
Simbolizan salud vibrante y abundancia de energía; los amuletos que tienen varias hojas se usan para protegerse de resfriados y otros males menores, particularmente en el invierno.
Ver también TRÉBOL DE CUATRO HOJAS.

129. Duende
En muchos lugares del mundo —pero particularmente en Irlanda—, son muy populares los amuletos con un diminuto zapatero que parece elfo vestido con saco rojo o verde, y un martillo en la mano. De hecho es posible encontrar brazaletes con este tipo de amuleto en varios países. Los duendes son gente diminuta que, según la leyenda, guardan sus tesoros en ollas que luego esconden al final del arcoíris. Se dice que los duendes darán su tesoro a cualquier persona que pueda verlos, pero eso es muy difícil porque son muy arteros y astutos, y les gusta jugar bromas a la gente.

A pesar de las muchas calamidades sufridas, a los irlandeses se les asocia con la buena fortuna, como lo demuestra la frase "Tiene suerte de irlandés".

130. LAGARTIJA

Es muy común usar amuletos o talismanes de lagartijas como anillos aunque también hay broches y pendientes. Estos talismanes atraen la buena fortuna y también mejoran la vista de la gente. Esto se debe a que el color verde esmeralda de las lagartijas simboliza a esta gema que, a su vez, parece mejorar la capacidad visual.

También se dice que es de buena suerte que una mujer embarazada vea lagartijas porque su bebé tendrá una vida larga, feliz y productiva.

131. MANDRÁGORA

Planta de raíz similar al nabo, tiene un innegable parecido con la figura humana, particularmente cuando se incrusta en una base. Por ello ha sido considerada afrodisiaca desde hace miles de años. Incluso se le menciona en la Biblia (Génesis 30:14, y en el Cantar de los Cantares 7:13).[26] La mandrágora se usó como talismán en la Edad Media para invocar fertilidad, felicidad y abundancia. Algunas personas cargaban raíces enteras en el cuello, pero era más común tallar pequeñas figuras y usarlas como amuletos.[27] En la actualidad, si quieres experimentar, ya no es necesario tallar tu propia figurita, ya que en las tiendas de regalos y en varios sitios de Internet es posible encontrar amuletos de metal y cerámica que representan a la raíz.

132. MUÉRDAGO

La encantadora tradición de besarse bajo el muérdago comenzó en Escandinavia. Los enemigos que querían resolver sus diferencias se reunían bajo él y se daban un beso de paz.[28] A la gente no le tomó mucho tiempo darse cuenta de que cualquier pareja podía besarse en ese mismo sitio, y así comenzó la alegre tradición navideña. No resulta sorprendente que los amuletos de muérdago se utilicen para atraer amor y romance, y para hacer perdurable una relación.

Los antiguos druidas veneraban al muérdago y lo consideraban particularmente sagrado si encontraban un brote en un roble.

En la época de Navidad es muy recomendable colgar muérdago en la zona más concurrida del hogar. Cada vez que una pareja se besa bajo esta planta, aumenta la felicidad, riqueza y suerte de la familia. Esta buena suerte sólo se presenta si el muérdago está colgado en tu casa; sin embargo, cualquier persona besada bajo el muérdago, en cualquier lugar, tendrá buena fortuna.

133. Clavo

Encontrar un clavo es muy buen augurio, y entre más oxidado esté, ¡mejor! Para activar su buena suerte llévalo a casa.

Llévalo contigo como amuleto protector o clávalo en el marco de la puerta trasera para protegerla. Debe clavarse sólo con cuatro golpes del martillo. Al primer golpe debes decir en voz alta: "Uno para la suerte", al segundo, "Uno para la salud", al tercero, "Uno para el amor", y al cuarto, "Uno para el dinero".

134. Búho

Esos grandes ojos que cierra con lentitud siempre han hecho creer que esta ave es muy sabia. Por eso simboliza sabiduría, conocimiento y sentido común. Los amuletos de búhos se usan generalmente para invocar estas cualidades, aunque algunas personas los mantienen cerca de carteras y bolsos porque también traen prosperidad.

Si encuentras una pluma de búho, consérvala como amuleto, ya que te protegerá de la envida y otras formas de negatividad.

135 PARIK-TIL

Un *parik-til* o saco para portar bendiciones, es la versión gitana de las bolsas medicinales de los nativos norteamericanos. Los gitanos, o romaníes, los empleaban para cualquier propósito. Lo único que se necesita es una bolsita con cordones ajustables. En su interior se guarda cualquier objeto relacionado de alguna manera con tu búsqueda personal. Si quieres usar tu parik-til para atraer buena suerte, guarda en él una bellota, alguna piedra, una piececita de oro, una nota con tu petición escrita de buena suerte, un pequeño amuleto en forma de herradura y una moneda dentro de otra bolsa verde. El oro puede ser una moneda o sólo un fragmento de joya rota. Tal vez también quieras añadir gotas de tu perfume favorito para aromatizar el saquito.

Ahora colócalo a la luz directa del sol igual que los objetos por dos horas; pasado ese tiempo, guarda todo en el saco, añade el perfume, y llévalo contigo. Por lo menos una vez al día enfócate en él y háblale sobre la buenaventura que necesitas en tu vida. Para asegurarte de que la suerte te favorezca, habla con el saco incluso después de cumplirse lo que deseaste.

136. PERLA

Han sido objetos valiosos durante miles de años. En la Roma antigua, la gente de nivel social bajo no podía usarlas.[29] En India forma parte de las nueve piedras del Navratna, el amuleto más reverenciado. Inspiran respeto, amabilidad, simpatía y amor. Se cree que una sola perla revitaliza el cuerpo y recupera la tranquilidad mental; la gente que las usa disfruta de una vida feliz y armoniosa.

También hay muchas supersticiones respecto a esta joya; casi siempre tienen como fundamento la idea de que una perla es la lágrima de una ostra. Si alguien te da una perla o varias, deberás pagar una pequeña suma por ellas: eso impedirá derramar lágrimas. Es suficiente dar una monedita de baja denominación, pero si no se paga, la superstición dice que derramarás muchas lágrimas. Algunas novias se niegan a usarlas el día de su boda porque provocarán que su vida de casadas comience con penas y dolor. Regalarle una perla a un bebé, por el contrario, es de buena suerte ya que esto le garantiza una larga vida.

137. PENTÁCULO

Es una estrella de cinco picos encerrada en un círculo. Por lo general se usa con un solo pico apuntando hacia arriba para invocar su energía benéfica y positiva. En cambio, si dos apuntan en esta dirección, el pentáculo se considerará símbolo de magia negra o del mal. A esta figura se le atribuyen distintos significados; por ejemplo, los cinco picos de la estrella representan los cinco sentidos, pero también la figura de una persona: uno de los picos es la cabeza, y los restantes, brazos y piernas. El famoso Hombre de Vitruvio de Leonardo da Vinci describe las proporciones del hombre, y también es ejemplo del simbolismo del pentáculo. En el dibujo aparece un hombre con los brazos y las piernas extendidos, rodeado por un círculo. Como el círculo es el símbolo femenino de la protección, el dibujo describe la armonía entre hombre y mujer. También por esto los amuletos de pentáculo incluyen el círculo que rodea a la estrella.

El pentáculo data de hace cuatro mil años. Al parecer surgió en la antigua Mesopotamia y quizás fue creado para representar los movimientos del planeta Venus. También es posible que haya representado el Sello de Salomón, aunque algunos expertos creen que el símbolo más bien pudo ser un hexagrama.

Los antiguos pitagóricos lo adoptaron como símbolo de buena salud y equilibrio; creían que representaba el matrimonio del cielo y la tierra porque combinaba el número dos (tierra y femenino) con el tres (cielo y masculino). Los primeros cristianos lo asociaron con las cinco heridas de Cristo.

El amuleto de pentáculo atrae amistad, armonía, buena suerte y, además, favorece un matrimonio exitoso. Se cree que es el más poderoso de todos los amuletos.

138. FÉNIX

Simboliza el renacimiento. Según la antigua leyenda griega, el mítico fénix vive cientos de años antes de hacer un nido de especias; luego enciende el nido batiendo sus alas, se convierte en cenizas, y vuelve a la vida.

Es un amuleto útil para la gente que desea renovarse o comenzar de nuevo. Hace muchos años conocí a un hombre que sufrió un descalabro económico; comenzó de nuevo y bautizó a su negocio Phoenix Construction. Además de incluir un ave fénix en su membrete y sus tarjetas de presentación, usó un pequeño alfiler con un fénix en la solapa de su saco. Creía que ayudaba al éxito de su segundo negocio.

139. PUERCO

Los puerquitos de plata en miniatura suelen formar parte de los brazaletes con amuletos. Ello porque, en la Antigüedad, que una familia poseyera un cerdo, garantizaba su éxito y supervivencia. Esto también explica por qué las alcancías suelen tener forma de cerdito: protegerá el dinero en su interior y, además, atraerá más.

En alemán, cerdo se dice *schwein*, y *schwein haben* significa "ten suerte". En la cultura china se cree que son valientes, honestos y diligentes. Asimismo, debido al vínculo que hay entre cerdos y prosperidad, los amuletos con esta forma atraen buena suerte y fortuna.

140. PATA DE CONEJO

Se cree que particularmente la izquierda trasera, además de atraer suerte, es un elemento protector. En la Antigüedad se consideraba extraordinario que sus patas traseras estuvieran en contacto con el suelo antes que las frontales, por eso los apéndices anteriores de los conejos tenían poderes mágicos. Además, son extremadamente fértiles y en siglos pasados a los granjeros les interesaba tener familias grandes para que sus hijos ayudaran a cultivar la tierra. Finalmente, nacen con los ojos abiertos, y eso les da superioridad sobre el mal de ojo. Por todo lo anterior, la pata de conejo se ha considerado por siglos símbolo de buena suerte.

Cuando yo era niño siempre decíamos "Conejos blancos" el primer día del mes porque, supuestamente, eso nos daría todo un mes de buena suerte. Las palabras tenían que enunciarse antes de cualquier otra cosa; algunas personas las dicen tres veces, y otras sólo dicen "Conejos". Los amuletos de pata de conejo siguen siendo muy populares hoy en día.

141. ROSA

Durante miles de años se ha considerado que las rosas son símbolo de la perfección. Las blancas significan pureza, inocencia y virginidad, mientras las rojas se relacionan con el amor y la pasión. Los emperadores romanos usaban tocados de rosas como coronas y, en el festival de Rosaria, siempre se esparcían pétalos sobre las tumbas. Los emperadores usaban guirnaldas de rosas en sus celebraciones bacanales porque creían que controlarían la ebriedad y la verborrea. Cientos de años más tarde, se colgaron o pintaron sobre mesas de reuniones para indicar que todo lo que se hablara ahí era privado. De hecho, así surgió la expresión *sub rosa*. Los cristianos relacionan sus espinas con el sufrimiento de Cristo y su amor por la humanidad.

La rosa roja simboliza fidelidad y protege una relación; la blanca pureza de pensamiento, palabra y acción.

142. MEDALLA DE SAN CRISTÓBAL

Su imagen es uno de los amuletos más populares para la buenaventura. Es el santo patrono de los viajeros, y por eso millones de personas llevan consigo una medalla con su imagen cuando no están en casa; también conozco a mucha gente que trae un amuleto de este tipo en su coche. La medalla de San Cristóbal ofrece protección y buena suerte.

Fue mártir cristiano del siglo III. Según cuenta una vieja leyenda, vivía al margen de un río y ayudaba a los viajeros a cruzarlo. Un día cargó a un niño que se hizo cada vez más pesado y estuvo a punto de no llegar al otro lado. Cuando le mencionó esto al niño, éste le dijo que acababa de cargar a todo el mundo y sus pecados sobre los hombros. El río que cruzó fue el de la Muerte, y el niño Jesucristo. El nombre proviene del latín *christophorus*, y significa "El que carga a Cristo". En la medalla de san Cristóbal aparece el santo cargando al niño.

143. ESCARABAJO

Los antiguos egipcios vieron que el escarabajo pelotero usaba sus patas traseras para rodar bolas de excremento hasta su casa subterránea para alimentarse. Pero como no puede ver a dónde se dirige, con frecuencia toma caminos enrevesados para llegar a su hogar. Esta acción recordó a los egipcios la travesía cotidiana del sol en el cielo. Los huevos del escarabajo en el interior de la bola de excremento, hacen eclosión tarde o temprano, lo cual es un símbolo de la creación. Por todo lo anterior, no sorprende que este insecto sea uno de los talismanes egipcios más famosos. De hecho, durante dos mil años se han fabricado cientos de miles.[30]

El amuleto o talismán de escarabajo simboliza nacimiento, regeneración, buena salud y virilidad.

144. Concha

Se han usado como amuletos hace miles de años. Cuando uno se pega una concha a la oreja, puede escuchar un sonido parecido al de las olas al golpear la playa, y por eso la gente pensó que establecía un vínculo entre personas de la tierra y del mar. Se volvieron amuletos de suerte y los marineros y pescadores las usan para regresar salvos a casa.

145. Barco

Los antiguos egipcios creían que, durante la noche, un barco transportaba al sol para atravesar el inframundo. Los primeros cristianos usaron amuletos con esta forma para protegerse cada vez que cruzaban mares, ríos u otros cuerpos de agua. También creían que estos amuletos transportaban, de manera simbólica, a los creyentes en su travesía hacia la Tierra Prometida. Esta creencia se extendió gradualmente y se llegó a pensar que estos amuletos protegían de los pecados de la carne y garantizaban que las personas se mantuvieran a salvo.

Se vinculan con la seguridad, sin importar qué suceda en la vida del portador.

146. Serpiente

Es es símbolo de regeneración porque cuando se desprende de su piel, parece transformarse en un nuevo reptil. En tiempos de los antiguos griegos y romanos, la serpiente simbolizaba vitalidad y buena salud. Esto todavía puede verse en el Báculo de Esculapio, emblema de la medicina: aparece rodeado por una serpiente. A los primeros cristianos les desagradaban porque una ofreció a Eva el fruto prohibido en el Jardín del Edén.

El amuleto de serpiente protege de enemigos y de cualquier persona que conspire contra uno. También es propicio para la inteligencia, la reflexión y la longevidad.

147. ARAÑA

Se piensa que ver una es de buena suerte. En Inglaterra la gente solía creer que si una caía en su ropa, pronto le llegaría dinero. Aunque no te agraden mucho, ¡recuerda que es de mala suerte matar arañas!

Su amuleto confiere buena suerte y protección contra problemas inesperados. Ayuda a tomar decisiones, particularmente en asuntos que tienen que ver con dinero.

Una antigua tradición dice que, si encuentras tus iniciales en la tela de una araña, ¡tendrás buena suerte para siempre!

148. ESTRELLA

Una antigua creencia sostiene que todos tenemos una estrella que nos guía: apareció en el cielo cuando nacimos y desaparecerá cuando muramos. Napoleón y Adolf Hitler fueron dos de muchas personas que creían tener una "estrella del destino".

A la gente que "nace bajo la influencia de una estrella de la suerte", le va bien todo el tiempo, o progresa con fluidez en la vida.

Usar un amuleto con esta forma atrae algo de la suerte que, supuestamente, tiene toda esa gente que nació bajo la influencia de una estrella como la descrita anteriormente.

149. TORTUGA DE TIERRA Y ACUÁTICA

En Egipto se han encontrado amuletos con esta forma que datan del período Neolítico. Esto los hace, quizá, los objetos mágicos más antiguos de todos los tiempos.[31]

Cuando se le usa como amuleto o talismán, confiere paciencia, estabilidad, longevidad y buenaventura.

150. FLORES DE LA SUERTE DEL ZODIACO

Algunas personas vinculan flores específicas a los distintos signos del zodiaco. Mostrar o usar la flor relacionada con tu signo, puede traer buena suerte. También es posible adquirir amuletos o broches con muchas de estas flores. Otra opción es traer en la cartera o el bolso, una pequeña imagen de la flor que te corresponda. Cada vez que veas esa imagen, ¡recordarás lo afortunado que eres!

- ❖ Aries: anémona, narciso, espino blanco, madreselva y capuchina.
- ❖ Tauro: flor de cerezo, nomeolvides (la comparte con Escorpio) y rosa roja.
- ❖ Géminis: flor de avellano, lirio, lavanda (la comparte con Virgo), y corona de rey.
- ❖ Cáncer: trébol, margarita, honestidad (o monedas de plata), y amapola blanca.
- ❖ Leo: caléndula, peonía y girasol.
- ❖ Virgo: lavanda (la comparte con Géminis), y lirio de los valles.
- ❖ Libra: arañuela (o cabellos de Venus), violeta y rosa blanca.
- ❖ Escorpio: crisantemo, nomeolvides (la comparte con Tauro), y orquídea.

❖ Sagitario: clavel (la comparte con Piscis), hiedra (la comparte con Capricornio), y lila.

❖ Capricornio: hiedra (la comparte con Sagitario), jazmín, rosa de Navidad y campanilla de invierno (la comparte con Acuario).

❖ Acuario: amaranto, mimosa, crocus de primavera y campanilla de invierno (la comparte con Capricornio).

❖ Piscis: clavel (la comparte con Sagitario), gardenia, rosa, barba de cabra, arañuela y violeta dulce.

TERCERA PARTE

Suerte por categorías

La mayoría de la gente quiere gozar de una relación duradera con una pareja amorosa. También una vida hogareña feliz y aprovechar al máximo el tiempo. La suerte se relaciona con estos aspectos y, por eso, en esta sección hablaremos sobre varios métodos para fomentar la suerte en dichas áreas de la vida.

Capítulo seis

Amor y matrimonio

INTRODUCCIÓN

Mi esposa y yo hemos estado felizmente casados más de cuarenta años; algunos de nuestros amigos también han permanecido juntos por muchos años; asimismo, otros amigos se han casado varias veces, y otros solteros buscan pareja. No sorprende que, al compararla con otros aspectos de la vida, para el amor y el matrimonio haya más sugerencias sobre cómo incrementar la suerte.

Mi esposa y yo conocemos a un hombre de mediana edad al que le encantaría conocer a una mujer y casarse con ella. Sin embargo, no hace absolutamente nada para ayudarse; es decir, trabaja en casa y sólo sale para comprar víveres y otros productos. En una ocasión abrió un perfil en un sitio de citas románticas, pero no le dio seguimiento a ninguno de los contactos que hizo. Así que, admitámoslo: a menos de esforzarse, la probabilidad de conocer mujeres es igual a cero. A veces la suerte implica comenzar en el lugar preciso en el momento indicado; evidentemente, ¡este hombre no va a conocer a nadie encerrado en su casa! Su suerte aumentaría si se esforzara y saliera a lugares porque, tarde o temprano conocería gente y, si conociera suficientes personas, encontraría pareja. Aquí se presentan varios métodos para aumentar la suerte en el amor y el matrimonio. Si tú quieres casarte o encontrar el amor, mantente positivo, repítete que la persona adecuada está esperando que la encuentres, y aplica las sugerencias de este capítulo.

151. BESA A CUANTA GENTE TE SEA POSIBLE

En su libro *On Love*, el doctor Bubba Nicholson dice que besar es una forma altamente efectiva de probar y oler los semioquímicos en la piel de la gente. Los semioquímicos nos permiten evaluar de forma subconsciente el nivel de compatibilidad que tenemos con otras personas. Si quieres tener suerte en el amor, besa a la mayor cantidad posible de gente hasta encontrar la persona adecuada para ti.

152. SÉ ADORABLE

Si quieres que te amen, sé amoroso y adorable. Esta actitud debe continuar mucho tiempo después del cortejo y el matrimonio porque, si aún haces lo que te hizo atractivo en un principio, tu relación seguirá fortaleciéndose y creciendo.

153. CARTAS DE AMOR

Las cartas de amor dan suerte a quien las escribe y a quien las recibe; sin embargo, como al escribirlas y leerlas se generan muchas emociones fuertes, hay numerosas supersticiones sobre cómo y cuándo redactar una carta adecuada.

Se supone que el mejor día para hacerlo es el viernes, dedicado a Venus, la diosa del amor. La palabra viernes, es *"Friday"* en inglés, y proviene de la palabra *frigedaeg* del inglés antiguo, que significa "Día de Frige" o "Día de Freya", esposa del dios nórdico Odín; no obstante, en la mayor parte de las lenguas europeas, viernes viene del latín *dies Veneris*, que significa "Día de Venus". Por esta razón también se vinculó a Freya con Venus.

Las cartas de amor no deben escribirse en teclados electrónicos ni con lápiz: deben escribirse a mano pero con pluma.

Se dice que es muy buen presagio que tu mano tiemble mientras redactas una carta de amor porque el destinatario corresponde a tus sentimientos.

Una vez escrita, no deberás enviarla sino hasta el domingo o, por alguna razón desconocida, el 29 de febrero, 1 de septiembre o 25 de diciembre.

Si recibes una examina el sobre porque, si la solapa se abrió en el correo o el sello es de un valor incorrecto, hay problemas en la relación.

Asimismo, recuerda que es de mala suerte declararse por correo. Puedes intercambiar tantas cartas como quieras, ¡pero la propuesta debe hacerse en persona!

154. LA LEY DE LA ATRACCIÓN

Afirma que el universo te dará cualquier cosa que pidas. Por eso, si buscas pareja, piensa cuidadosamente en todas las cualidades que deseas en esa persona, y envíale este mensaje al universo.

Esto enfocándote en dichas cualidades con toda la frecuencia posible. Cuando estés acostado o acostada en tu cama, justo antes de entregarte al sueño, piensa en las características. También en momentos inesperados durante el día. Por ejemplo, piensa en cómo deseas que sea la pareja, mientras estás formado, esperas la luz verde del semáforo o mientras viajas. Todos perdemos tiempo cada día, así que aprovéchalo.

En el pasado la gente usó distintos métodos para buscar esposo o esposa, y uno de ellos era pelar con cuidado una manzana y asegurarse de que la cáscara salga en una sola pieza larga. Una vez hecho esto, se debía dar tres vueltas y arrojar la cáscara por encima del hombro. Luego examinar la forma de la cáscara porque ésta revelaría la primera letra del nombre de tu futuro o futura amante. Esto lo puedes hacer en cualquier momento, pero el mejor día es el 28 de octubre, porque ese día se celebran las fiestas de san Simón y san Judas.

En cuanto encuentres a tu posible pareja, lleva a cabo el tradicional juego infantil de arrancar los pétalos de una margarita al mismo tiempo que recitas "Me quiere, no me quiere..."

155. ROSAS ROJAS

Como se le considera la flor del amor, que una mujer sueñe con una es un vaticinio excelente. Y es todavía más afortunado soñar con una rosa roja.

Las mujeres en Inglaterra solían recoger una en la víspera de la mitad del verano, la envolvían cuidadosamente en papel blanco, la escondían en un lugar seguro hasta la Noche Buena y si la rosa se veía fresca todavía, la mujer la usaba en la iglesia la mañana de Navidad. Su futuro esposo la vería y le haría un cumplido, o se la quitaría. Si la rosa estaba muerta al sacarla del envoltorio, la mujer permanecería soltera un año más.

Las rosas también se usaban para averiguar la intensidad del amor de alguien. La persona que deseaba conocer el grado de reciprocidad, arrancaba el tallo: entre más fuerte fuera el sonido, más apasionado y devoto era su compañero o compañera.

En los tiempos victorianos, cuando a las parejas las cuidaban chaperones, se usaban flores para enviar mensajes secretos. En este sistema las rosas rojas eran símbolo de pasión, y las blancas, de amor puro y casto.

Se dice que a Cupido lo picó una abeja mientras admiraba un hermoso arbusto de rosas. El dios se enojó tanto, que lanzó una flecha al arbusto, y éste sangró, tiñendo las flores de rojo. Hay otra historia que también tiene a Cupido como protagonista, en la que el dios accidentalmente derrama vino tinto sobre un arbusto de rosas blancas.

156. Amor a primera vista

Los antiguos griegos creían que el hombre y la mujer eran originalmente sólo uno. Los dioses los cortaban en dos para debilitarlos porque la humanidad planeaba derrocarlos. Fue así como se creyó en el amor a primera vista: muchos pensaban que cada persona reconocía a la otra mitad de su ser original.

Geoffrey Chaucer (c. 1343-1400) escribió: "Amó ella desde la vez primera que lo vio" *(Troilo y Crésida*, 1375); Christopher Marlowe (1564-1593), el dramaturgo isabelino, escribió: "Quien haya amado, ¡que no amara a primera vista!" *(Hero y Leandro*, 1598).

Hay una diminuta flor violeta llamada pensamiento, relacionada con el amor a primera vista porque, según una antigua leyenda, la flecha de Cupido rasgó una de estas flores. William Shakespeare (1564-1616), dramaturgo inglés, se mofó del concepto del amor a primera vista cuando dijo que unas gotas de la tintura de esta flor en los párpados de una persona dormida, "el hombre o la mujer se enamoran locamente del primer ser vivo al que encuentran" *(Sueño de una noche de verano*, acto II, escena i). Asimismo, en la tragedia *Romeo y Julieta*, también de Shakespeare, él se enamora a primera vista de ella.

Es importante señalar que este tipo de amor no es imposible porque el atractivo se determina en una fracción de segundo o en pocos minutos de conversación: ello define si hay compatibilidad o no entre las dos personas.

Si quieres suerte para enamorarte a primera vista, debes estar muy atento el séptimo día de la luna nueva porque, según la tradición, ese día es más probable que la gente se enamore de esta manera.

157. Espejito, espejito... en la pared

Hay muchas supersticiones relacionadas con espejos, pero la más conocida es que, si rompes uno, tendrás siete años de mala suerte. Por fortuna también hay supersticiones positivas, entre las cuales se encuentran las dos maneras en que una mujer joven puede ver la imagen de su futuro amante. Según una tradición del Sur Profundo de Estados Unidos, una mujer puede sostener un espejo sobre un pozo y ver ahí la imagen de su futuro esposo.

En el Reino Unido dicen que si la mujer lo coloca bajo su almohada, ¡podrá ver a su futuro esposo en sueños!

También pararse frente a un espejo y cepillarse el cabello tres veces antes de dormir: de esa manera aparecerá el próximo amante en los sueños.

158. El poder de las flores

Juegan un papel muy importante en el folclore del amor y el matrimonio. Es posible, por ejemplo, asegurar la fidelidad continua y el amor de la persona deseada plantando semillas de caléndula en la tierra sobre la que caminó el ser deseado. Las plantas deberán cuidarse porque el amor crecerá mientras ellas también lo hagan.

Si sueñas con una rosa roja, habrá amor para ti en el futuro cercano. Si quieres atraer a un amante, coloca margaritas frescas bajo tu almohada todas las noches antes de dormir. Es probable que en tus sueños aparezca tu futura pareja. Continúa haciéndolo hasta que encuentres a la persona correcta.

También puedes ver a tu futuro amante en sueños si salpicas tres veces con agua un ramito de romero y uno de tomillo, y luego colocas un ramito en cada uno de tus zapatos. Ponlos al pie de la cama inmediatamente antes de dormir.

159. Días de suerte para proposiciones

La tradición dicta que el hombre se le debe proponer a la mujer, excepto en años bisiestos, cuando se aceptaba que la mujer se propusiera. Hoy no importa mucho quién lo haga, pero deberá prestar atención al día de la semana para la proposición.

Si se hace en lunes, la pareja tendrá una vida feliz y llena de sucesos agradables. En martes, gozarán de una armoniosa vida juntos. El miércoles, jamás discutirán. Ambos lograrán sus objetivos más importantes si se hace en jueves, pero necesitarán trabajar con mucho ahínco si se hace el viernes. Si, en cambio, es el sábado, disfrutarán de una vida compatible y armoniosa. Según la tradición, la proposición no se hará en domingo, porque es el día del Señor.

160. El día de la boda

Lo más común es casarse en cuanto se haya encontrado la pareja correcta. Ciertos días se consideran más afortunados que otros, así que vale la pena elegir uno de ellos. A continuación te presento algunas consideraciones.

Los antiguos romanos honraban a sus muertos en mayo, y ese mes todo mundo guardaba luto. Todavía ahora, dos mil años después, se cree que mayo no es buen mes para casarse. Junio, por el contrario, es muy afortunado para desposarse porque, según la mitología romana, la diosa Juno y Júpiter se casaron este mes. Junio era el mes de Juno y a los antiguos romanos les gustaba desposarse entonces para asegurar la bendición de la diosa. Dos mil años más tarde, junio sigue siendo muy popular para realizar ceremonias nupciales.

Por otra parte, no se debe uno casar en cuaresma (es decir, el tiempo que abarcan las seis semanas anteriores a la Pascua), ni el Día de los Inocentes (28 de diciembre), Jueves Santo (el jueves anterior a Pascua), el día de san Suitino (15 de julio), ni el de santo Tomás (21 de diciembre).

También debes cuidar el día de la semana que elijas para casarte. Una antigua canción infantil dice así:

Lunes para la riqueza,
martes para la salud,
pero miércoles es el mejor.
Jueves para las pérdidas,
viernes para las cruces,
y sábado de mala suerte.

El sábado en general no gustaba a nadie porque uno de los cónyuges moriría pronto. Sin embargo, hoy es el día más popular para las bodas porque todo mundo descansa el fin de semana.

Por supuesto, incluso después de cuidar todos los aspectos anteriores, observa el estado del tiempo. Casarse en un día húmedo y lluvioso es augurio de matrimonio difícil; sólo piensa en el viejo dicho: "Bendita la novia que tiene brillo de día."

162. El anillo de compromiso

Es el primer signo visible de que una pareja se va a casar, y hay ciertas piedras para el anillo que dan más suerte que otras. Por ejemplo, diamantes, esmeraldas, rubíes y zafiros, son auspiciosos; el ópalo es de mala suerte excepto para mujeres nacidas en octubre. Como las perlas simbolizan lágrimas, también se les considera de mala suerte en un anillo de compromiso.

Las amigas de la novia pueden colocar el anillo en la punta de uno de sus dedos y pedir un deseo que, según se cree, siempre les será concedido.

163. El vestido de novia

Para aumentar la buenaventura en el matrimonio, la novia necesita usar "algo viejo, algo nuevo, algo prestado y algo azul".

Por lo general, ese "algo viejo" es el velo nupcial que, originalmente, se usó para proteger a la novia del temido mal de ojo. Suele ser una herencia familiar, pero también ser lo "prestado". En este caso, es importante que pertenezca a una mujer que está, o estuvo, felizmente casada. No se debe usar antes de la ceremonia; además, es de mala suerte que la novia se vea al espejo con él. A veces "algo viejo" es una joya de la familia u otro artículo que perteneció a ésta durante mucho tiempo.

"Algo nuevo" suele ser el vestido mismo. A veces lo "prestado" viene de una mujer felizmente casada, amiga de la familia. "Algo azul" se relaciona con fidelidad, amor y pureza. Con mucha frecuencia se usa un liguero para cumplir este requisito. También es común que la novia ponga una moneda en su zapato para asegurarse de que tendrá buena fortuna.

A veces la costura final del vestido se hace poco antes de que la novia salga camino a la boda porque esto le da más suerte.

Por otra parte, es sumamente recomendable que la novia se case con el vestido de novia de su madre.

En general, la seda es el mejor material para un vestido de boda porque aumenta la suerte.

163. El anillo de bodas

La encantadora costumbre de intercambiar anillos data, por lo menos, de hace dos mil años. Tertuliano (c. 160-c. 225), escritor cristiano, menciona que a la novia se le enviaba un anillo de oro como promesa formal de matrimonio. William Shakespeare menciona el intercambio de anillos en *Noche de epifanía* (1602):

Casados están en contrato eterno de amor.
Lo confirmó la unión de sus manos.
La unión de sus labios en un hermoso beso de amor.
Luego se intercambiaron anillos (Acto V, escena i).

Los puritanos trataron de eliminar el anillo de bodas con el pretexto de que era una superstición pagana. Sin embargo, la costumbre continuó y, en la actualidad, sería muy difícil imaginar una boda en que la novia no reciba anillo de bodas. De hecho, ahora también el novio recibe uno.

164. LAS DAMAS DE HONOR

Esta costumbre data del tiempo en que la gente que se oponía al matrimonio trataba de llevarse a la novia. Las damas debían protegerla y asegurarse de que esto no sucediera.

También ser dama de honor da suerte, ya que recibirán una propuesta matrimonial doce meses después de la boda. No obstante, ser dama tres veces es de mala suerte: significa que eres una mujer de mayor edad. Afortunadamente, hay un remedio para esto: necesitas ser dama cuatro veces más para sumar siete, ¡de esa manera eliminarás la mala suerte!

Asimismo, es muy benéfico que la desposada tenga una madrina de honor porque la presencia de una mujer felizmente casada, simboliza la dicha que puede esperar la novia.

165. ARROZ Y CONFETI

La costumbre de arrojar confeti a los novios al salir de la iglesia proviene de una antigua práctica que consistía en esparcir maíz en la cabeza de la novia: era símbolo de abundancia y garantizaba que la pareja tuviera una vida feliz, próspera y llena de niños. Con frecuencia también se usaba trigo en vez de maíz, pero el arroz remplazó a ambos poco a poco y, al final, fue también sustituido con el confeti.

166. EL PASTEL DE BODAS

Esencial en la celebración nupcial porque da buena suerte a todos los que coman. Por tradición, a los amigos que no asisten a la boda se les envía una rebanada para que también resulten beneficiados.

El pastel debe ser abundante y sabroso porque simboliza la profusión en el matrimonio. La novia siempre corta la primera rebanada y pide un deseo en silencio. Esta práctica es obligatoria porque, si alguien más la corta, ¡la novia se arriesga a no tener niños! Lo anterior se debe a que el pastel simboliza descendencia numerosa. Por lo general el novio ayuda a la novia a cortar la primera rebanada poniendo su mano sobre la de ella, y así recibe parte de la buenaventura.

A veces la novia guarda un piso de su pastel como pastel de bautizo. Esto garantiza que la pareja tendrá niños.

En Inglaterra se solía pasar nueve veces trocitos del pastel a través del anillo de bodas y se les daban a las damas. Después ellas los colocaban bajo sus almohadas para soñar en sus futuras parejas.

167. ¡LLÉVEME A LA IGLESIA A TIEMPO!

Si la familia de la novia tiene gato, debe alimentarlo para asegurar un matrimonio perdurable y feliz. Si el gato estornuda el día previo a la boda, es muy buen vaticinio.

Cuando ya vaya a la iglesia, la novia saldrá de su casa por la puerta del frente y dará el primer paso fuera con el pie derecho. En el Reino Unido es buen augurio ver un gato negro, un caballo gris, un elefante, un arcoíris o un deshollinador camino a la iglesia. Como en la actualidad la mayoría de la gente vive en ciudades, resulta difícil que la novia vea un caballo gris o un elefante; sin embargo, es posible contratar a un deshollinador para que aparezca en el lugar adecuado y el momento preciso y ofrezca buenos deseos a la mujer que se va unirá en matrimonio.

Al llegar a la iglesia, la novia entrará con el pie derecho; y no ingresará al templo por ninguna puerta que dé al norte.

168. EL RAMO DE LA NOVIA

Simboliza fertilidad y la esperanza de que la pareja será bendecida pronto con familia. Los listones alrededor del ramo también dan buena suerte.

La costumbre de que la novia lance su ramo es una tradición estadounidense que comenzó a principios del siglo XX y se propagó por todo el mundo. Supuestamente empezó como estrategia de la novia para confundir a los invitados y abandonar la ceremonia en medio de la confusión. Todo lo que usa la novia se considera un objeto de suerte y, por lo mismo, la dama que atrape el ramo nupcial tendrá buena fortuna y será la próxima mujer en casarse.

169. EL CRUCE DEL UMBRAL

Otra costumbre indica que el novio debe cargar a la novia para atravesar el umbral. Esto se hace para conservar la felicidad de la pareja en su nuevo hogar. Se desconocen los orígenes de esta tradición, pero hay dos historias. Una se remonta a los tiempos prehistóricos cuando los hombres cargaban a las mujeres para hacerlas sus esposas contra de su voluntad. Al cargar a la novia para pasar por la puerta, el novio la transporta simbólicamente a una nueva vida. La otra historia viene de la antigua Roma y dice que cargarla el novio era señal de que ella estaba a punto de renunciar a su virginidad sin desearlo. De cualquier forma, es una tradición muy placentera que trae suerte a la feliz pareja.

170. LA LUNA DE MIEL

Es la primera vez que la pareja va de vacaciones después de la boda. Samuel Johnson (1709-1784) describe la luna de miel como "el primer mes después del matrimonio, cuando no existe nada más que ternura y placer". Nadie sabe dónde se originó el término "luna de miel", pero es posible que surgiera en Babilonia, donde las parejas recién casadas bebían alcohol de miel el primer mes de su matrimonio. La primera referencia literaria data de 1552, en el diccionario Inglés-Latín de Richard Huloet, *Abecedarium Anglico-Latinum*. En él se hace una observación irónica al decir que el amor, al igual que la luna, siempre mengua de modo inevitable.

Capítulo Siete

Suerte en el hogar

INTRODUCCIÓN

Tu hogar es mucho más que una casa. Es parte de ti de muchas maneras, porque refleja lo que te agrada y desagrada, tus gustos particulares y tu personalidad. Después del estrés y las presiones de la vida cotidiana, es necesario regresar a un lugar seguro que te ofrezca confianza y amor; ese lugar es tu casa.

Hace muchos años ayudé a un amigo a limpiar la casa de su mamá cuando murió. Fue una experiencia pasmosa para mí porque la señora jamás tiraba nada a la basura. Por todos lados había alteros enormes de revistas, correspondencia y periódicos viejos; tuvimos que pasar por el corredor de lado porque en ambos costados había montículos de papel que iban de suelo a techo. El resto de la casa también estaba abarrotado con todas las cosas que la señora acumuló ¡durante sesenta años!

"¿Nadie le sugirió que se deshiciera de estas cosas?", le pregunté a mi amigo, y él respondió: "Sí, la gente se lo sugería todo el tiempo. Pero ella no hacía caso, guardaba todo por si lo necesitaba después."

A lo largo de los años he pensado mucho en esa casa. He visto muchas otras llenas de objetos, pero ninguna similar al de esa señora.

Todos acumulamos objetos pero, afortunadamente, la mayoría mantenemos la situación bajo control. Debo confesar, por ejemplo, que a mí me cuesta trabajo deshacerme de libros, ¡pero con todo gusto tiro las cosas sin uso inmediato!

En este capítulo empezaremos por el acumulamiento, y luego analizaremos varias formas de atraer buena suerte a tu hogar. Si buscas ser afortunado en esta área, no apliques todas las técnicas al mismo tiempo. Primero prueba una o dos, y ve qué sucede. De ser necesario, prueba algo más y continúa así hasta obtener los resultados que buscas.

171. EL ACUMULAMIENTO

Cuando hablamos de acumulamiento nos referimos a todas las cosas que guardas y no necesitas, usas ni amas. Casi todos tienen un artículo favorito que ya no usan pero les cuesta mucho trabajo tirar a la basura. Desarrollamos un apego emocional a los objetos y nos convencemos de que los necesitaremos algún día, pase lo que pase.

También acumulamos cosas por los regalos que no deseamos, y los objetos que nos dan a través de los años; pero, por supuesto, es muy difícil deshacerse de estas cosas porque nos recuerdan a la persona que nos las dio.

Hay otro tipo de acumulamiento que incluye ropa que nunca hemos usado ni usaremos, y los objetos que dejaron los miembros de la familia que se fueron a vivir a otro lugar.

Pero el acumulamiento pertenece al pasado. Mientras te aferres a cosas que no necesitas, continuarás anclado. Limpiar tu casa y deshacerte de cosas viejas, te libera y permite avanzar de nuevo.

172. Feng Shui

Es el arte chino de vivir en armonía con la tierra. Uno de sus conceptos fundamentales es el ch'i, y puede describirse como la energía o fuerza de vida universal.[32] El ch'i entra al hogar por la puerta del frente y debe moverse con libertad por toda la casa. Cualquier cosa que interrumpa o bloquee el flujo del ch'i, afecta la buena fortuna y suerte de la gente que ahí vive. El acumulamiento es un factor determinante para el bloqueo de la energía positiva ch'i. En cuanto se controle, la gente de la casa tendrá una sensación de libertad, y mayor energía. También se sentirán más seguros de sí mismos y notarán que tienen más suerte.

173. Activación del ch'i

Deberá fluir sin esfuerzo por toda la casa; entra por la puerta del frente y sale por la de atrás y las ventanas, pero a veces encuentra obstáculos en su camino. Si el ambiente en la familia es tenso o alguien pelea o es violento, el ch'i se estanca y la gente que vive en ese lugar percibe la tensión acumulada. Alguien me comentó que era como una nube negra que reprimía y limitaba a todos los habitantes.

La negatividad emocional se puede eliminar salpicando agua en todas las habitaciones con un atomizador. El agua atomizada genera iones negativos que permiten que el ch'i fluya libremente. También es posible usar aceites de esencias como lavanda, manzanilla o ylang ylang. Pueden añadirse al agua y atomizarse en todos los cuartos, pero también es posible usar un difusor eléctrico para calentarlos.

Otra manera sencilla pero muy efectiva de activar el ch'i consiste en palmear tus manos con vigor en las habitaciones que necesitan liberarse. Asegúrate de palmear en todas las áreas del cuarto, y visualiza la energía moviéndose. Cuando termines de palmear, lávate las manos muy bien con agua corriente para eliminar toda la energía negativa.

Si alguien lleva algún tiempo enfermo, primero ventila la habitación y luego activa el ch'i atomizando un aceite esencial de limón, eucalipto o romero.

Si alguien murió en ese lugar, limpia y ventila el cuarto a fondo. Luego usa aceites esenciales para que el benéfico ch'i vuelva a entrar.

174. PALO DE DEFUMASIÓN

Para activar una casa nueva vale la pena usar aceites esenciales o un palo de defumasión. Esto elimina las energías negativas dejadas por los ocupantes anteriores.

Tú mismo puedes fabricar uno, pero no es necesario porque es muy sencillo conseguirlos por Internet o en muchas tiendas naturistas y de productos New Age. El palo para defumasión contiene varias hierbas distintas como cedro, romero y salvia. Trata de comprar uno que contenga hierba santa porque es particularmente buena para anular la energía negativa.

Comienza por vestirte con ropa vieja. Luego enciende tu palo para la defumasión; cuando esté ardiendo extingue las llamas pero permite que las hierbas continúen ardiendo. Aplícate el humo a ti mismo antes de esparcirlo por la casa. Esto se hace pasando el palo desde la parte superior de tu cabeza hasta llegar a los pies por un costado, y repitiendo la operación en el otro lado. Una vez aplicado el humo, dispersalo por todo tu hogar.

Aunque ya apagaste las flamas, el palo continúa muy caliente; prepara un recipiente a prueba de fuego y camina por la casa. También puedes pedirle a alguien que sostenga el recipiente para que tú te puedas esparcir el humo.

Propágalo en cada habitación. Entra a la casa por la puerta del frente y empieza con el primer cuarto a la derecha. Esparce el humo por todos los rincones y cuando termines, cierra la puerta. Recorre toda la casa hasta esparcir humo en cada habitación.

Apaga el palo de defumasión bajo un chorro de agua. Repite la operación todos los días hasta sentir que ya hubo un cambio en la energía de tu hogar. Por lo general sucede después de la segunda o tercera sesión.

Espera media hora antes de abrir todas las puertas y ventanas. Debo advertirte que el humo de las hierbas es muy picante, por lo que se debe eliminar en cuanto haya cumplido su misión. Cuando haya salido todo el humo, notarás una diferencia sutil en tu casa. La energía será más brillante, jubilosa y energética: ¡el ch'i fluirá con libertad y la suerte se acercará a ti!

175. El camino de acceso

Para atraer la mayor cantidad de suerte posible, el camino que lleve a tu casa debe estar definido con toda claridad, e idealmente debe ser ligeramente curvo. Si hay vegetación en él, debe estar cuidada y lucir saludable.

176. La puerta del frente

Es un aspecto de suma importancia: necesitas que por ahí ingrese la mayor cantidad posible de ch'i y se integre al ambiente. Debido a esto, la puerta del frente debe estar bien iluminada y dar la bienvenida. Los invitados deben encontrar la puerta sin dificultad.

En esta zona no debes almacenar objetos que no utilices, así que si tienes zapatos acumulados justo en el interior o fuera de la puerta del frente, quítalos y deja solamente los que uses.

Hace algunos años, un amigo regresó a su casa después de un viaje al extranjero. Desempacó y dejó la maleta junto a la puerta del frente porque quería decidir dónde la guardaría. Tres años después, la maleta seguía ahí, y él se quejaba de que nunca tenía suficiente dinero para hacer otro viaje. Le sugerí entonces buscar un lugar para su maleta.

Todo lo que impide la entrada del ch'i hace que la vida de la gente en esa casa se vuelva difícil, pero en cuanto se eliminan los objetos acumulados en esa zona, el ch'i reingresa al hogar y brinda buena suerte para la vida diaria.

177. LA PUERTA TRASERA

Por ahí sale el ch'i de tu casa. Cuando esta energía ya se esparció, es necesario que salga con libertad; y claro, no es posible si esta zona permanece repleta de artículos que nadie utiliza. Cuando estuve en Singapur, un maestro de feng shui me dijo que si la puerta trasera estaba llena de obstáculos, las casas se congestionaban.

178. LOS CORREDORES

Deben mantenerse tan libres como sea posible para que el ch'i llegue a todos los rincones de la casa. Si están llenos de cosas, el ch'i no podrá avanzar y tú te sentirás limitado y restringido. Cuando los corredores estén libres y se pueda caminar por ellos, la sensación de limitación desaparecerá, y volverá la buena suerte.

179. LA COCINA

Siempre se la ha considerado el corazón de la casa. En tiempos antiguos la gente se reunía alrededor del fuego de la cocina para sentir su calor y hacerse compañía. Aunque esta práctica cayó en desuso, debe seguir siendo un lugar cálido y acogedor para todos en la casa. Si se tienen demasiados artículos que no se usan y ocupan espacio en las repisas de la cocina, es natural sentirse impotente y acorralado. Es necesario deshacerse o almacenar todo lo que no se use diariamente para controlar la situación.

Una vez visité una casa y en la barra de la cocina había demasiadas cosas que ya no servían. La dueña se horrorizó cuando le sugerí que se deshiciera de esos objetos y los remplazara con artículos que funcionaran. No obstante, siguió mi consejo, e inmediatamente, en poco tiempo, hubo varios sucesos positivos en su vida; entre ellos, la visita de uno de sus hijos a quien no había visto en años, y una nueva oferta de empleo.

La entrada principal de la cocina debe ser visible para quien prepara los alimentos para que no la sorprenda nadie al entrar.

Los refrigeradores y congeladores deben contener bastante comida porque esto tiene relación directa con la prosperidad de la familia; sin embargo, los alimentos que ahí se guarden deben comerse con regularidad y remplazarlos cuando sea necesario.

180. EL COMEDOR

Debe ser un lugar agradable y tranquilo que permita a la gente tener una conversación amena. Idealmente debe ser cerrado. Si forma parte de otra habitación, deberá tener definidos sus límites.

La mesa debe ser el objeto principal. El feng shui indica que las mejores formas para mesas son: redondas, ovaladas y octagonales. Cuando alguien se sienta a la mesa, determina su jerarquía en la familia. La posición de poder, o el lugar más importante, deberá estar frente a la entrada principal de la habitación.

En el comedor también deberá haber algunos cuadros o elementos decorativos que reflejen los gustos e intereses de la familia.

181. La sala

La sala o estancia deberá atraer, ser tranquila y cómoda. No obstante, como es donde la gente se relaja, es común que lleguen ahí objetos y se queden indefinidamente en vez de regresarlos a su lugar de origen. Por esta razón, no es raro que la habitación se llene de artículos inútiles. El acumulamiento en una zona tan importante, te hará sentir inquieto y ansioso.

Es muy importante evitar acumulamiento en la sala; verás que cuando lo elimines, te sentirás más relajado y tendrás mejor suerte en la vida.

182. El baño

También es posible combatir ahí el acumulamiento. Si tienes varias superficies ocupadas con artículos diversos, te sentirás ansioso y preocupado. Quita cepillos dentales viejos, cosméticos y medicinas que ya no uses (¡deshazte de todo lo que no necesites!); esto te hará sentir más cómodo y relajado desde el primer instante y aumentará tu fortuna.

La bañera y el retrete no deben ser demasiado notorios. De hecho, si es posible, este último deberá estar protegido con un biombo o pantalla para mayor privacidad.

183. El dormitorio

Es un santuario, un lugar para relajarse, leer, hacer el amor, dormir y soñar. Naturalmente, la acumulación en esta habitación afecta todas estas actividades. Si eres soltero o soltera por el momento, y tienes una habitación llena de objetos inservibles, estás limitando tus probabilidades de encontrar una pareja nueva y conservarla.

El principal problema de la mayoría de la gente es que tiene la costumbre de aferrarse a ropa, zapatos y otros artículos que jamás usará. Revisa tu guardarropa y verás que hay muchas prendas que puedes desechar o regalar. Esto permitirá que el ch'i tenga más espacio para fluir en tu habitación.

Muchas personas acumulan objetos bajo la cama o sobre el armario, ¡tú no lo hagas! También recuerda que el tocador no fue hecho para almacenar cosméticos. En cuanto elimines el acumulamiento en esas zonas, dormirás mejor y la suerte se incrementará en todos los aspectos de tu vida, ¡en especial en el romántico!

184. LA CAMA

Se cree que colocarla en un eje norte-sur es de buena suerte, pero esto sólo aplica si la habitación te permite hacerlo de manera natural. También se dice que esta colocación es afortunada si quieres tener hijos varones.

El pie de la cama no deberá dar a la puerta de entrada: a ésta se le llama posición de féretro porque los cuerpos siempre se sacan con los pies al frente. Evidentemente, no te recomiendo esta posición.

Colocar la cabecera de la cama contra la pared es de buena suerte y le da a la cama un apoyo simbólico. El lado largo de la cama no debe colocarse junto a una pared a menos de que quieras desalentar a posibles parejas. Si quieres atraer a alguien, deberá haber suficiente espacio a ambos lados de la cama para ti y esa otra persona.

Acostada, la gente deberá ver la entrada principal de la habitación sin tener que girar la cabeza más de 45 grados. Esto ofrece una sensación de seguridad.

Si un visitante pasa la noche en tu casa, no debes hacer la cama en que durmió, hasta una hora después de irse. Esta práctica preserva y protege tu buenaventura.

Una vez que empezaste a hacer la cama, deberás terminar porque es de muy mala suerte dejar la tarea a medias y completarla después. También es de mala suerte estornudar cuando haces la cama, pero esto se remedia con el signo de la cruz.

185. Para dejar la cama

Una antigua superstición dice que cuando abandonas la cama por la mañana, debes sacar primero la pierna derecha. Esto te asegura relaciones armoniosas con toda la gente durante el día, que te será agradable y auspicioso. Si sacas primero la pierna izquierda, tendrás dificultades y frustración hasta el anochecer.

186. La oficina en casa

Si se tiene hay que mantenerla libre de acumulamiento porque es una zona vinculada con la riqueza, el estatus y el nivel de éxito de la familia. Cualquier cosa que obstaculice el flujo del ch'i limita estos aspectos.

Por esto un altero de catálogos viejos, archiveros repletos y desbordantes, torres en tu escritorio y cajas de papel para impresión tiradas en el suelo, pueden dañar tu economía. La oficina en casa debe ser un lugar agradable y cómodo en el que se pueda trabajar sin buscar todo el tiempo lo que se necesita.

¡Evitar el acumulamiento en la zona de trabajo aumenta la prosperidad y la suerte!

187. BARRER

La tradición dicta que debes barrer tu casa hacia dentro, si lo haces hacia fuera y sacas lo barrido por la puerta, toda tu suerte se escapará. Sin embargo, es aceptable reunir el polvo en un recogedor y sacarlo.

El vínculo entre polvo hogareño y prosperidad y buena suerte, tiene cientos de años. En 1323 una bruja irlandesa llamada Alice Kyteler fue acusada de robar a sus conciudadanos porque barrió el polvo afuera de sus puertas.[33]

También debes tomar en cuenta la antigua superstición que indica que la primera vez que se use una escoba nueva, deberá barrerse algo de afuera hacia el interior de la casa, porque esta acción simboliza empujar hacia dentro la buena suerte.

188. FLORES

Los antiguos egipcios se daban flores entre sí como gesto de amor y amistad. Esta bella tradición sigue vigente en nuestros días y ha mejorado con el paso de los años porque ahora también creemos que las flores traen buena suerte. Y aumenta si el ramo tiene un número impar.

Se dice que las flores amarillas son las mejores para atraer buena suerte al hogar; las moradas además de fortuna, ofrecen oportunidades para el progreso económico.

189. LA MUDANZA

Según algunos, los mejores días para hacerlo son lunes y miércoles. Una vieja superstición dice que el sábado es el peor día porque te costará trabajo adaptarte y volverás a mudarte pronto. Los holandeses de Pennsylvania creían que el peor era el viernes, e incluso tienen un dicho al respecto: "Mudanza en viernes, dudo que te quedes." Significa que no vivirás mucho tiempo en la nueva casa.

Hay varias supersticiones sobre cómo atraer suerte al mudarte. Una recomienda avivar el fuego en la casa nueva con las brasas de la vieja chimenea. Esta acción preserva la buena suerte de toda la familia. Las fiestas de bienvenida a la nueva casa provienen de esa superstición, ya que permiten a los amigos compartir la buena fortuna de la familia.

También es de buena suerte enviar una escoba nueva a la casa antes de que tú llegues; por otra parte, jamás deberás llevarte una escoba vieja a la nueva casa.

Antes de enviar tus pertenencias a la nueva deberás llevar una cubeta de carbón y un recipiente con sal como obsequio para tu nuevo hogar. Ésto garantiza la buena fortuna.

190. Recepción en la casa nueva

La fiesta de bienvenida trae suerte a la construcción y a todos quienes vivan en ella. En nuestros días, este tipo de fiestas son una oportunidad para recibir amigos y presumirles tu nueva casa, pero tradicionalmente esto se hacía para honrar y agradecer a los espíritus del nuevo lugar.

La chimenea o fogón siempre ha sido el centro del hogar. En la Antigüedad, el fuego ahí encendido era sagrado. De hecho, los antiguos griegos y romanos creían que los dioses de la casa adoraban el fogón; fueron remplazados poco a poco por varias hadas y otro tipo de espíritus a los que también se debía honrar y cuidar para asegurarse de que la casa recibiera la prosperidad y buena suerte que le correspondía. Por esto que el fogón y su rejilla debían limpiarse antes de que los ocupantes se fueran a dormir. Cuando la gente se mudaba de una casa a otra, siempre llevaba consigo brasas para iniciar el fuego en el fogón nuevo. Esto era para "ir calentando" la casa. Así la familia se llevaba a los espíritus de su hogar con ella, y así preservar su buena fortuna.

Capítulo Ocho

Estaciones, días, meses y años

INTRODUCCIÓN

A la gente siempre le ha fascinado el tiempo, por eso se han diseñado muchos métodos para atisbar el futuro. Como la gente tiene períodos de vida muy variables, se llegó a creer que tenía suerte la que vivía muchos años, mientras la tenía mala quien moría joven.

Asimismo, como el tiempo humano es finito (es decir, comparado con el divino, que es eterno), la gente diseñó fiestas y festivales con los que trató de escapar por un rato de las cadenas del tiempo. El poeta francés Charles Baudelaire (1821-1867), describió al tiempo como "el oscuro enemigo que nos roe el corazón".

En este capítulo te presento sugerencias para cada día de la semana y todos los meses del año. Si sigues los consejos tradicionales para cada ocasión, aumentarás tu suerte. Tal vez te gustaría practicar un pasatiempo recreativo un miércoles o establecer varias metas un domingo y, claro, no hay ninguna razón por la que no puedas hacerlo otro día de la semana; sin embargo, si puedes elegir, experimenta un poco y ve si hacer algo en el momento que tradicionalmente se asocia con esa actividad, te ayuda y beneficia.

Los días especiales de cumpleaños y bodas son de buena suerte en general; no obstante, intenta que otros días sean positivos. Lo único que debes hacer es decidir que "tal día" todo saldrá bien. Enfócate en los aspectos positivos y no permitas que nada arruine tu buen talante. Actúa, mantente alerta ante las oportunidades y ve qué pasa. Ya verás que, con tan sólo modificar tu actitud y tus expectativas, puedes hacer que cualquier día sea de suerte.

CORRESPONDENCIA POR TEMPORADA

Hay algunas correspondencias o asociaciones tradicionales con las distintas estaciones del año. Presta atención porque los objetos relacionados con la época en que naciste, son de suerte para ti.

191. PRIMAVERA

Colores: amarillo, blanco, verde claro.
Cristales: aventurina, jade, cuarzo rosa.
Flores: crocus, narciso, campanilla de invierno

En la primavera —o en otra estación, si lo que te interesa es capturar el espíritu primaveral—, debes portar algún cristal relacionado con esta temporada, o usar algo que incluya los colores amarillo, blanco o verde claro. Permite que la energía de la primavera te haga sentir positivo respecto a tu vida y al futuro.

192. VERANO

Colores: dorado, naranja, lila, rosa, rojo, morado, verde.
Cristales: ámbar, cornalina, citrino.
Flores: campanilla, dedalera, lila, rosa, girasol.

En verano usa algunos colores relacionados con esta estación, o lleva contigo un cristal de ámbar, cornalina o citrino. Con esto aprovecharás la calidez y la sociabilidad del verano, y disfrutarás de días positivos, productivos y afortunados.

193. Otoño

Colores: azul, bronce, café, dorado.
Cristales: amatista, celestita, ojo de tigre.
Flores: crisantemo.

Cuando el verano termine y se acerque el invierno, usa algo de color azul, bronce, café o dorado; o guarda en tu bolsillo alguno de los cristales de esta temporada. Esto aumentará tus probabilidades de buena suerte. También te permitirá estar más consciente de la energía de esta estación que a tantos gusta.

194. Invierno

Colores: negro, gris, dorado, verde oscuro, plateado, rojo.
Cristales: cuarzo claro, cuarzo ahumado, ópalo.
Flores: rosa de navidad, nochebuena.

Usa algún color asociado con el invierno para sintonizarte con su energía; también lleva contigo un cuarzo claro o ahumado, o un ópalo. El invierno es buena época para pensar con anticipación y hacer planes para el futuro.

DÍAS DE LA SEMANA

Todos los días son de suerte para algo. Es mucho más probable que la suerte te acompañe si enfocas tu energía en lo que deseas, en el día más adecuado para tu propósito.

195. LUNES

Se relaciona con la luna. Afortunado para todo lo que tenga que ver con la familia cercana, el hogar, las mascotas, las mujeres, las emociones y la intuición. Si quieres aumentar tu suerte en lunes, usa perlas.

196. MARTES

Se relaciona con el planeta Marte. Es de suerte para todo lo relacionado con el trabajo, la carrera, los negocios, la autoestima, el valor y los hombres. Es perfecto para ponerte de pie, defenderte y decir con exactitud lo que sientes. La suerte en este día aumenta si se usan rubíes.

197. MIÉRCOLES

Se relaciona con Mercurio. Es de suerte para lo que tiene que ver con comunicación, creatividad y estimulación mental. Por lo tanto, para expresarte de alguna manera, como cantar, hablar, escribir o entregarte a una actividad creativa. El miércoles aumenta tu buena fortuna si usas zafiros.

198. JUEVES

Se vincula con Júpiter. De suerte para el dinero, los asuntos financieros, la prosperidad y los viajes. También es perfecto para planes relacionados con estos aspectos. Asimismo, es un día conveniente para comenzar cualquier tarea desafiante. Si deseas incrementar tu suerte en jueves, usa granates.

199. Viernes

Se relaciona con Venus. De suerte para todo lo que tiene que ver con la amistad, el amor y las actividades sociales. Los viernes mejoran todas las actividades de entretenimiento y placer. Ese día usa esmeraldas para tener más suerte.

200. Sábado

Está vinculado con Saturno. Afortunado para las finanzas personales y la protección. También para eliminar emociones y sentimientos negativos, y expresar una visión más positiva de la vida. Si quieres aumentar tu suerte en sábado, usa diamantes.

201. Domingo

Se asocia con el sol. Es el más favorable de la semana y trae consigo suerte para cualquier actividad que involucre amor propio, nuevas metas o cosas importantes para ti. Puedes aumentar tu suerte si usas piedras amarillas.

202. Martes de hot cakes

El martes de *hot cakes* es el último día antes de la Cuaresma según el calendario cristiano. Se le llama así porque generalmente las personas los cocinan y comen para garantizar la buena suerte en los siguientes doce meses. Se deben comer antes de las ocho de la noche. La Cuaresma solía ser una época del año más bien austera, por lo que el martes de *hot cakes* se convirtió en la última oportunidad para divertirse hasta después de la Pascua.

MESES DE SUERTE

Los más afortunados son aquellos en que el último día laborable es viernes. Traen casi tanta suerte como cuando el primer día laborable del mes es lunes.

Y naturalmente, el más afortunado del año es en el que naciste.

203. ENERO

Puede ser muy afortunado si te enfocas en nuevas ideas, si comienzas algo nuevo o aceptas ser líder. Es excelente para hacer cambios e iniciar nuevas actividades o pasatiempos.

Enero también es bueno para explorar cosas nuevas: leer un libro sobre un tema del que no sabes nada o, quizá, conversar con alguien experto en un tema específico. Incluso si no te interesa a profundidad, aprenderás algo util.

204. FEBRERO

Bueno para colaborar con otros, atender detalles y hacer planes. Necesitarás ser paciente porque las cosas avanzarán con más lentitud de lo que te gustaría. También es de suerte para todas las relaciones cercanas.

205. MARZO

Ofrece buenas oportunidades para actividades sociales, el entretenimiento y la expresión personal. Es bueno para viajar, vacacionar y realiza actividades creativas.

206. ABRIL

De suerte para quienes desean trabajar con ahínco y aprovechar las oportunidades. Necesitas cuidar los detalles y ser muy responsable y organizado.

Abril, junio y noviembre son, por tradición, los meses más afortunados para casarse.

207. Mayo
Bueno para realizar cambios, explorar ideas nuevas y conocer a otras personas. Para expandir tus horizontes y ver el mundo desde una perspectiva diferente. También es un buen mes para aceptar las oportunidades inesperadas.

208. Junio
Afortunado para cualquier acción que involucre a tus seres amados, tu hogar y tu familia. Recuerda que las mejores oportunidades siempre aparecen cuando pones las necesidades de los demás encima de las tuyas. Es un mes particularmente de suerte para el amor y el romance.

Según la tradición, el más afortunado para casarse. Abril y noviembre también son muy recomendables para este propósito.

209. Julio
Ofrece oportunidades para el crecimiento personal y el despertar espiritual. Es buen momento para el estudio y la investigación. Las oportunidades de suerte llegarán en momentos de tranquilidad y contemplación, justamente al reevaluar el pasado y mires hacia el futuro.

210. Agosto
Toma su nombre del emperador Augusto. El monarca consideraba éste su mes de suerte porque recibió su designación como embajador.

Es de suerte sólo si estás preparado para tomar las oportunidades y actuar con decisión. Como la suerte estará de tu lado, aprovecha todas las oportunidades de reconocimiento, avance laboral y beneficio económico.

211. Septiembre

Trae consigo la posibilidad de ayudar a otros y dejar atrás todo lo que haya concluido de manera natural. Es un mes afortunado para lidiar con otros, siempre y cuando seas compasivo, amable y comprensivo.

212. Octubre

Bueno para dar el siguiente paso. En este mes debes evaluar las oportunidades con cuidado y tomar las que tengan mayor potencial. La suerte se mantendrá de tu lado siempre y cuando destaques tu individualidad, originalidad y capacidad para tratar con otros.

213. Noviembre

Puede ser afortunado si eres paciente y esperas que los proyectos avancen. Es tiempo de colaborar con otros, reunir información y actuar cuando llegue el momento indicado.

Recuerda que noviembre, abril y junio son los meses de más suerte para contraer matrimonio.

214. Diciembre

Ofrece la posibilidad de divertirse y disfrutar. La suerte llegará a través de actividades sociales y conversaciones con amigos. La suerte te acompañará, siempre y cuando te mantengas positivo y lleno de energía.

215. Años bisiestos

Favorecen los cambios y los proyectos nuevos. Es el mejor para cambiar de carrera, iniciar un negocio, mudarse de casa, viajar al extranjero o hacer cualquier movimiento que te saque de la conformidad.

No es de sorprenderse que el día más afortunado para dar inicio a cualquier proyecto sea el 29 de febrero.

216. El número de la suerte de hoy

Los bisiestos se presentan cada cuatro años; sin embargo, hay un número de la suerte que puedes usar hoy. El primer paso es sumar día y mes de tu cumpleaños, más el año que corre, y luego reducir el total a un solo dígito. Esto da como resultado lo que los numerólogos llaman "número personal del año"..
Por ejemplo, si naciste el 23 de agosto, y el año que corre es 2015, suma 8 (mes) + 2 + 3 (día) + 2 + 0 + 1 + 5 (año) = 21. Y como 2 + 1 = 3, tu número personal en 2015 será 3.

El segundo paso es sumar tu número personal del año al día y el mes del calendario, y reducir el total a un solo dígito. Digamos que hoy es 17 de marzo de 2015: suma 3 (mes del calendario) + 1 + 7 (día del calendario) + 3 (número personal del año) = 14; y 1 + 4 = 5. Tu número de la suerte para el 17 de marzo de 2015, es 5. Con esta fórmula obtienes tu número de la suerte para cualquier día.

CUARTA PARTE

La suerte a través de la historia y la cultura

A lo largo de la historia, la gente ha buscado atraer la suerte de diferentes maneras, y muchos métodos forman parte del folclore. Sin embargo, cada cultura desarrolló sus propias técnicas para este propósito, y por eso llegan a ser tan distintas dependiendo del lugar. En el mundo occidental, por ejemplo, hay gente que nunca ha escuchado que los tréboles de cuatro hojas traen buena suerte. Algunas técnicas ya pasaron la prueba del tiempo, en tanto otras cayeron en desuso y fueron olvidadas. En esta sección exploraremos cómo atraen la suerte los animales y la comida, y exploraremos el concepto chino de la suerte, así como las sugerencias folclóricas más populares para atraer buena fortuna.

Capítulo nueve

Animales de la suerte

Introducción

A lo largo de la historia las distintas culturas han asociado la suerte con algunos animales. Esto sucedió, principalmente, porque las personas observaron su comportamiento en hábitats naturales y algunos parecían más afortunados que otros. Unos sabían cómo sobrevivir, otros eran astutos y otros más parecían tener un sexto sentido en cuanto a peligros. Hace miles de años la gente usó objetos de animales porque creían que eso les daría suerte. En la actualidad muchas personas aún lo hacen aunque, por lo general, buscan más la imagen del animal en vez de un colmillo o una garra.

Mucha gente colecciona adornos con su animal predilecto; no sólo son agradables a la vista, pues gozan de horas de placer cada vez que buscan nuevos artículos para su colección. Los adornos también funcionan como fuentes de buena suerte si los dueños creen y tienen fe en ellos. Mi madre, por ejemplo, coleccionaba gallinas de cerámica porque creía que le traían buena suerte y abundancia.

En lugar de objetos con tu animal preferido, puedes buscar ejemplos del animal donde quiera que vayas. Claro, será más sencillo si tu animal preferido es gato o perro que un oso hormiguero o un ave exótica. Si pocas veces tienes oportunidad de ver a tu animal preferido, tal vez debas llevar contigo una fotografía. Asimismo puedes tener su imagen enmarcada en tu casa; de esa manera, cada vez que la veas recordarás que, para ti, representa buena fortuna. Todas estas acciones te motivarán a pensar en la suerte, y eso, a su vez, te instará a detectar oportunidades en todo lo que hagas. ¡Muy pronto notarás que la buena fortuna comienza a sonreírte!

217. ANIMALES BLANCOS

La gente ha creído durante miles de años que dan suerte. En la antigua Roma, a las personas afortunadas las llamaban "hijo de gallina blanca".

Los conejos blancos siempre han representado a la suerte en el Reino Unido. Y mucha gente en todo el mundo (yo incluido), dice: "conejos blancos" el primer día del mes, en cuanto despierta: se supone que esto da buena suerte todo el mes. Un amigo me dijo que hay quienes dicen "Conejito, conejito, conejito".

Ver un caballo blanco es de buena suerte, pero tener uno es mejor. Aunque la frase "elefante blanco" se usa para describir algo inútil con lo que no se puede hacer gran cosa, en muchos lugares de Asia adoran a este paquidermo. Se dice que los blancos llevan la suerte adonde quiera que van. Asimismo, si la primera mariposa que ves en el año nuevo es blanca, tendrás suerte todo ese año.

218. EL OSO

Se cree que es de buen agüero porque sobrevive los largos meses de invierno gracias a la hibernación. En Escandinavia, por ejemplo, muchos creen que los osos son reencarnaciones del dios Odín. Asimismo, como las osas son buenas madres, simbolizan la buena suerte en el hogar y en los asuntos familiares.

219. LA ABEJA

Mucha gente las considera mensajeras de la buena suerte. Si una entra a tu casa, la suerte viene a tu encuentro. Si te es posible, permítele encontrar la salida sola. Es posible debas ayudarle si se atora en una ventana, pero lo mejor es que entre y salga libremente.

Que una abeja aterrice en tu mano es señal de dinero en el futuro cercano. Si se posa en tu cabeza, tienes la posibilidad de hacerte famoso.

Según la tradición, cuando muere un apicultor, las abejas van al funeral. Los apicultores pueden mejorar su suerte si cuentan a las abejas todo lo que sucede en su hogar y su vida familiar.

220. EL AVE

Se cree que algunas aves son de buena suerte, y otras, de mala. Los mirlos, las palomas, los patos y colibríes, el martín pescador, vencejos, petirrojos, cigüeñas, golondrinas, pájaros carpinteros y chochines son aves de buen agüero. Los pájaros azules y rojos también traen fortuna. En algunas partes del mundo se le atribuye buena suerte al humilde gorrión, aunque en varios lugares se cree que es ave de mal agüero. A pesar de ello, en todo el mundo se cree que matar uno es de mala suerte.

Aunque tal vez en ese momento no lo aprecies, que el excremento de un ave te caiga en la cabeza, es un buen auspicio.

221. EL TORO

Simboliza virilidad y fortaleza. Los antiguos griegos usaban dijes con su imagen como símbolo de fertilidad y buena fortuna. Mi única experiencia personal fue cuando uno me persiguió cuando tenía trece años. Por supuesto, me sentí aliviado en cuanto pude salir del campo, pero aún conservo el vívido recuerdo de su poder, velocidad y agresividad.

222. La mariposa

Es símbolo de transformación, reencarnación, inmortalidad. Si ves tres aleteando juntas, seguro la buena suerte viene a tu encuentro. En China, es augurio de buena suerte en el amor.

223. El cardenal

Si ves uno, también conocido como "pájaro de plumaje rojo", seguro habrá suerte en tu porvenir. Ésta aumentará si lo besas antes de que vuele.

224. El gato

Es símbolo de independencia; sin embargo, se le considera tanto de buena como de mala suerte. En el antiguo Egipto se adoraba a los gatos porque simbolizaban a Bast, diosa de la luna. Ganaron su mala reputación porque podían ver en la oscuridad, cuando los espíritus malignos rondaban la tierra. Asimismo, la gente creía que las brujas se transformaban en gatos negros.

En la actualidad, que uno negro se meta a tu casa, es buen vaticinio, así que permítele entrar. Si lo sacas, se llevará la buena suerte. El Rey Carlos I tenía un gato negro y, cuando murió, el monarca dijo que su buena suerte había terminado. Al día siguiente lo arrestaron.

También es de buena suerte descubrir que uno camina a tu lado derecho. Es mejor augurio para tus finanzas si se pasa a tu izquierda. También es de buena suerte que estornude en la mañana, o tres veces a cualquier hora del día. Por otra parte, es extremadamente afortunado que uno estornude cerca de la novia el día de la boda.

También puede usarse de manera simbólica para aumentar el número de invitados si hay trece comensales en tu mesa. En este caso, la gente que teme al número trece puede relajarse porque, al sumar al gato, el grupo es de catorce personas.

225. EL GRILLO

Escuchar su canto es de buen augurio; matar uno, en cambio, trae mala suerte. En Japón la gente los guarda en diminutas jaulas de bambú como amuletos; es una costumbre que data, por lo menos, del siglo X. En Barbados se cree que cuando canta dentro de la casa, llegará dinero; en Zambia sólo verlo es de buena suerte. También es muy bueno que a tu casa la visiten grillos con regularidad.

226. EL CUCÚ

Puede ser tanto de mala como de buena suerte. Según la tradición, simboliza la primavera y escucharlo cantar antes del 6 de abril es de mala suerte. Lo contrario ocurre si lo escuchas por primera vez el 28 del mismo mes.

También trae buena suerte si canta frente a ti, o a tu derecha. Pero si el canto viene de atrás o de la izquierda, es un mal presagio.

El folclore dicta que, sin importar cuándo o desde dónde escuches el primer canto del cucú de primavera, debes voltear el dinero de tu monedero o cartera y pedir un deseo: se cumplirá y tendrás buena suerte.

227. EL VENADO

Símbolo de amabilidad, elegancia y belleza. Los chinos creían que era de buen agüero porque la palabra china para denominarlo, *lu*, también significa "ingresos". Asimismo, creen que el venado es augurio de una vida larga y próspera.

228. EL PERRO

Lealtad, amistad y amor incondicional se le asocian; es el "mejor amigo del hombre". Que te siga un perro extraviado, significa que la buena suerte se acerca a ti; también es favorable que entre a tu casa. Si es de color dorado, tu buena fortuna aumentará. Uno blanco es señal de romance, y el negro de protección.

Un perro en particular representa buena suerte, el Terrier tibetano o Tsang Apso ("perro greñudo de la provincia de Tsang"). Es el perro sagrado del Tibet; si alguien posee uno, no debe venderlo jamás. En todo caso, se puede obsequiar. Esto se debe a que son emblemas de buena fortuna y, claro, ¡nadie debe vender la suya! En la Antigüedad se consideraba que los tibetanos eran parte de la familia y se les trataba extremadamente bien. Maltratar a uno traía mala suerte a toda la comunidad. En Europa se conoció esta raza hasta la década de los veinte del siglo pasado, cuando un noble tibetano regaló uno a un doctor británico que atendió a su esposa. Llegaron a Estados Unidos en 1957, donde se les llama "*luck bearers*" o "*luck bringers*" (portadores de suerte).

229. EL BURRO

Es de buena suerte porque el pelaje negro que cruza sus hombros forma, precisamente, una cruz. La gente creía que este pelaje apareció después de que Jesucristo montó uno para ir a Jerusalén. La gente supersticiosa solía arrancarle tres de esos pelos porque con ellos se podían curar varias enfermedades Según la tradición cristiana, son símbolo de paciencia y humildad.

Se dice que si una mujer embarazada ve un burro, cuando su hijo crezca será inteligente, afortunado y obediente. Los granjeros a veces los guardan con las vacas para proteger al rebaño. También se dice que previenen accidentes y evitan nacimientos prematuros.

230. LA LIBÉLULA

Son de buena suerte porque están vinculados con el cambio y la transformación. Su agilidad, velocidad y habilidad para volar en todas direcciones, incluso hacia atrás, hicieron creer que tenía madurez y capacidad de reflexión. Verlas siempre se ha creído un buen presagio.

231. EL ELEFANTE

De buena suerte por su inteligencia, fortaleza, sabiduría, lealtad y longevidad. También son símbolo de poder y prosperidad.

En India, Ganesh, el dios elefante, remueve obstáculos y trae buena fortuna.

232. EL ZORRO

Es reconocido por su audacia, habilidad para engañar e ingenio. Los galeses tienen un dicho que indica que es de buena suerte encontrarse con uno pero muchos es mal augurio. En el antiguo Egipto se decía que eran mensajeros de favores de los dioses.

233. LA RANA

En Japón son símbolo de buena suerte. También representan la transformación porque pasan de renacuajos a ranas. La historia de la que se convierte en príncipe también es un ejemplo de su vínculo con el cambio. Asimismo, simbolizan abundancia por la gran cantidad de huevos que ponen; y también protegen a los niños pequeños. Que una rana entre a tu jardín es muy buen presagio, y si pides un deseo al ver a la primera en la primavera, se cumplirá.

234. EL PEZ DORADO

Es símbolo de tranquilidad, júbilo, longevidad y buena fortuna. Los antiguos egipcios creían que los dorados garantizaban la buena suerte de la familia, y los griegos que traían beneficios a todo tipo de relaciones personales, en especial al matrimonio. En la tradición cristiana son señal de abundancia porque Jesucristo alimento a cinco mil personas con cinco hogazas de pan y dos pescados.

235. EL CABALLO

Mucha gente los considera especiales y mágicos que traen buena fortuna. Simbolizan energía, fortaleza y lealtad. Se dice que todo lo que forma parte del caballo da suerte pero, particularmente, las herraduras.

236. EL CERDO

Fertilidad, astucia, inteligencia y prosperidad lo caracterizan. Por supuesto, también es emblema de avaricia, lujuria y gula. Tanto en China como en Irlanda se cree que es de buena suerte y, de hecho, en China se dice que ayuda de modo particular a los profesionales independientes y la gente que trabaja por su cuenta.

237. EL CONEJO

Es de buena suerte por varias razones. Además de que son fértiles, la gente creía que sus crías nacían con los ojos abiertos, y así alejaban al mal de ojo. Los conejos excavan en la tierra y, antiguamente, la gente temía la oscuridad y cualquier cosa bajo el suelo. Son extremadamente rápidos gracias a sus poderosas patas traseras y, por eso, la pata de conejo es uno de los amuletos de buena suerte más populares.

238. LA OVEJA

En los países cristianos se considera de buena suerte porque se les relaciona con el Buen Pastor. Algunas personas creen que recuerdan la Natividad, y en la víspera de Navidad voltean al este y hacen una reverencia a la medianoche.

Ver un rebaño en algún camino rural es de buena suerte; y aún mejor atravesarlo caminando o manejando con mucho cuidado. Esta creencia data de la época en que la gente vivía en comunidades pequeñas y aisladas; en aquel tiempo, divisar a un pastor con su rebaño significaba carne fresca y lana disponible.

Los corderos también traen buena suerte, en especial si el primero que ves aparece en primavera. Asimismo, si ves uno negro y pides un deseo inmediatamente, se cumplirá.

239. LA ARAÑA

Siempre se las ha considerado símbolo de persistencia y prosperidad. En el Reino Unido, a las pequeñas a veces se les dice tejedoras de dinero y, evidentemente, es señal de buena fortuna que una de ellas aparezca cerca de ti. Encontrar una en tu ropa indica que pronto estrenarás. Y si encuentras tus iniciales en su tela, felicidades: ¡siempre tendrás buena suerte!

Por todo lo anterior, es de mala suerte matarlas. Hay un viejo dicho al respecto:

Si quieres vivir y prosperar,
deja a la araña escapar.

240. LA CIGÜEÑA

Portadora de buena fortuna por tradición. En el antiguo Egipto se le relacionaba con el alma; en Grecia y Roma, se le creía símbolo de los valores familiares y el amor. Según el folclore europeo, entregan los bebés a los nuevos padres, y todavía en la actualidad, cuando los niños preguntan de dónde vinieron, se les dice que los trajo la cigüeña. En un tiempo se creyó que además de cuidar a sus hijos, también se encargaban de los padres ancianos. Debido a esto, se les asocia con el hogar y la familia.

En Alemania y los Países Bajos la gente las anima a hacer su nido en los techos de las casas porque esto traerá buena suerte a toda la familia. Como llegan a vivir setenta años, si logras que una anide en tu techo, regresará con su familia muchos, muchos años.

241. LA GOLONDRINA

A la gente le da mucho gusto verlas porque son emisarias de la primavera; sin embargo, es necesario que sean varias antes de que el verano llegue a su fin. El viejo dicho "Una golondrina no hace verano", se refiere precisamente a esto. Simbolizan la esperanza, la fertilidad y, como son monógamas, también al hogar feliz y la vida familiar. Si una anida en tu casa, toda la familia tendrá buena suerte, pero es particularmente afortunado si lo hace en los aleros. Por otra parte, si abandona el nido abandone de manera inesperada, es un mal vaticinio. Naturalmente, es un muy mal augurio matar una o destruir su nido.

También ver una golondrina en pleno vuelo es señal de buena suerte.

Capítulo diez

Alimentos y bebidas

Introducción

A la comida y la bebida siempre se les relaciona con la buena suerte. El hombre primitivo creía que comer carne u órganos de un animal le conferiría algunas de sus características más deseables. Por ejemplo, con el corazón de un león, el hombre obtendría su fortaleza. Ya en una perspectiva extrema, los caníbales creían que si comían los cuerpos de los enemigos, aumentarían su valor y fuerza personal. También se asignan capacidades especiales a ciertos alimentos; así, las ostras, según mucha gente, poseen cualidades afrodisiacas, y se comen con la esperanza de tener buena suerte en la alcoba.

Se levantan las copas para hacer brindis, ritual que tiene como objetivo celebrar una ocasión, honrar a alguien o desear suerte.

Un amigo come todas las noches trocitos de chocolate oscuro; comenzó a hacerlo para recompensarse cuando su día había sido particularmente productivo, pero luego, como le pareció que le daba buena suerte, decidió comerlo todos los días. No importa si es verdad: el chocolate le funciona porque está convencido de que tiene un efecto particular en su suerte.

Si deseas un alimento o bebida para atraer la buena fortuna, debes convencerte a ti mismo de ello y recordarlo cada vez que lo ingieras.

242. SAL

Como actualmente es barata y abundante, casi no le damos importancia. En la Antigüedad era valiosa y difícil de conseguir; por esto, si alguien te dice: "Vales tu peso en sal", significa que te valora. En el ejército romano, por ejemplo, a los oficiales de mayor rango y a los soldados les daban una ración de sal. En los tiempos del Imperio, el *salarium* se convirtió en un pago comparado con la sal.[34] De hecho, la palabra "salario" proviene de esta práctica. También es un conservador excelente y se le relacionó con la buena salud y la longevidad. Además, como evitaba la descomposición, se vinculó con la inmortalidad y se usó en rituales de magia. Por todo esto se considera de buena suerte.

No es bueno pedir sal prestada y, como todos sabemos, es de muy mala suerte tirarla. Esta creencia se remonta al tiempo en que era difícil de conseguir y muy valorada. Incluso una leyenda cuenta que Judas derramó sal antes de traicionar a Jesús. En su obra *La última cena*, Leonardo da Vinci ilustró este suceso. Hay varias formas de contrarrestar la mala suerte cuando se cae o derrama, pero la más común es arrojar inmediatamente una pizca hacia atrás, por encima del hombro izquierdo. También se dejan caer algunos granos al fuego o sobre los quemadores de la estufa.

234. JITOMATES

El jitomate es común en Centroamérica y Sudamérica. Se cuenta que Hernán Cortés (1485-1547), el conquistador español, los conoció en los jardines del emperador Moctezuma, en 1519, y llevó sus semillas a Europa. La gente los cosechaba y usaba como ornamentos, pero no los comía. Se les temía porque su ácido desprendía el plomo de utensilios y platos de peltre, y la gente enfermaba y moría. El botánico francés Joseph Pitton de Tournefort (1656-1708) tampoco ayudó: se le ocurrió dar a los jitomates el nombre científico *Lycopersicon esculentum*, que significa "durazno lobo": relacionó por error el jitomate con el durazno lobo que, en el siglo III Galeno afirmó que era venenoso y mataba lobos. Hasta principios del siglo XX los jitomates se convirtieron en alimento popular en América.

En Francia, como en la mayor parte de Europa, se le consideró una planta decorativa hasta la Revolución. Como los franceses le decían *pomme d'amour* (manzana de amor), se ganó la reputación de ser afrodisiaco, y por eso las mujeres vírgenes se negaban a comerlo antes de casarse.

En Italia goza de muy buena reputación desde hace por lo menos doscientos años. Para empezar, siempre es posible ver un jitomate rojo y brillante en una ventana para alejar los malos espíritus. Si se le coloca en el mantel, atrae riqueza y abundancia. Su salsa trae prosperidad y buena salud. Por todo lo anterior, se considera que cualquier cosa que tenga forma de jitomate, es de buena suerte. Mi abuela tenía un alfiletero con esta forma, y recuerdo que le enterrábamos alfileres porque ella nos dijo que eso nos traería buenaventura y, además, ¡porque era muy divertido!

244. Alimentos que parecen monedas

Se dice que con forma de moneda traen buena suerte: chícharos, uvas, naranjas, galletas redondas e, incluso, las donas, son ejemplos.

Los frijoles carita también porque, hace más de 1 500 años se solían comer en Rosh Hashana, el Año Nuevo judío, para atraer la fortuna. En el sur de Estados Unidos se sirven con frijoles y arroz y se llaman Juan Saltarín; en Año Nuevo garantiza prosperidad los siguientes doce meses. Esta tradición se remonta a la época de la Guerra Civil.

En Italia las lentejas traen buena suerte, particularmente en asuntos económicos; así que, entre más comas, ¡más afortunado serás!

245. Vegetales verdes

A niños y algunos adultos se les advierte que deben comer más vegetales. Mucha gente, sin embargo, los come porque su color recuerda en de los billetes, y esto les hace pensar en riqueza y prosperidad. Muchos creen que comer vegetales verdes trae suerte en lo financiero y, si lo piensas, es una superstición muy útil porque, de cualquier manera, todos necesitamos comer más "verduritas".

246. Puerco

Comerlo es de buena suerte porque al caminar se apoyan en las patas delanteras, y eso indica progreso continuo. Además, su contundencia es símbolo de prosperidad y del disfrute de las cosas buenas de la vida.

En Italia, su grasosa carne también representa una cartera gorda. En Italia es muy popular todo el año, pero sobre todo en Año Nuevo atrae buena suerte.

247. Pescado

Se le considera auspicioso por tres razones principales: sus escamas son redondas y simbolizan dinero; nadan en grupos grandes, lo cual es señal de prosperidad; lo hacen hacia delante, lo que simboliza progreso.

En China se consideran una confirmación del progreso hacia niveles superiores. Esto porque la gente vio a las carpas nadar en contra de la corriente y saltar para llegar a las zonas de desove. También son símbolo chino y japonés de resistencia y perseverancia, y por mucho tiempo fue usada para motivar a los varones jóvenes. La gente creía que en cuanto una carpa cumplía cien años, podía nadar contra la corriente, saltar por encima de la Puerta del Dragón, y convertirse en uno: de los símbolos más auspiciosos de toda Asia. Desde el siglo X los japoneses han usado banderines en forma de carpa en el Festival del día de los Muchachos (ahora conocido como Festival de los Niños o, también, Fiesta de las Banderas). En China, la carpa es símbolo de buena suerte para pasar exámenes, en especial los del Servicio Civil, que ofrecen una carrera exitosa. Como también se les relaciona con el dios de la literatura, se usan para desear éxito en exámenes literarios.

En el Año Nuevo chino se come carpa cruda para atraer suerte al hogar. La familia entera se turna para agitar un poco el platillo de pescado, especias, aceites y vino que le garantizará un feliz año nuevo a todos. El mejor día para comer este platillo es el séptimo del Año Nuevo chino. Por si fuera poco, la palabra china para carpa, *lei yu*, suena a "que tengas fortuna"; por eso este pez simboliza riqueza, ambición y suerte.

Los peces dorados también son símbolo de riqueza y abundancia en este país; dos nadando juntos son señal de un matrimonio feliz; nueve simbolizan riqueza. Asimismo, es común usar adornos con forma o imágenes de peces para eludir el mal e invocar la buena suerte.

248. Té y café
Según el folclore, si necesitas buena suerte atrapa las burbujitas en la superficie de tu café o té. Si las bebes antes de que estallen, te irá bien el resto del día.

249. Fideos
Elemento esencial de la dieta asiática; sin embargo, en muchas partes del continente se comen particularmente largos el día de

Año Nuevo para estimular la buena fortuna y tener una larga vida. Es importante no cortar los fideos antes de cocerlos y llegar a tu boca.

250. Pastel de carne molida

Este término tiene distintos significados según el país. En algunos lugares se refiere a una variedad de pay de carne, pero yo me refiero a un pastel de carne molida con frutas, también conocido como pastel navideño.

Para empezar, es de buena suerte que alguien te lo ofrezca y por eso nunca debes rechazarlo, ni siquiera si ya comiste. Si te es posible, come pastel de carne cada uno de los doce días de Navidad... ¡cada rebanada te dará un mes de buena suerte!

251. Azúcar

Tal vez no sea muy buena para la salud, pero se considera un alimento auspicioso. Puedes atraer buena fortuna dejando caer algunos granitos en el suelo, donde quieras tener más suerte. Por ejemplo, si te entrevistan para un empleo que te agrada muchísimo, lleva un poco de azúcar en el bolsillo y esparce unos granitos cuando camines por el vestíbulo. Tira unos granitos más en la oficina donde serás entrevistado o entrevistada.

Es importante que sólo sean unos pocos granitos; no es necesario que dejes una cucharada de azúcar en todos los lugares. Nadie notará una pizquita, y además, si dejas demasiada, podrías atraer la mala suerte, ¡y hasta algunas plagas de hormigas!

252. Pudín de Navidad

En el pasado las familias preparaban sus propios pudines navideños. Por desgracia, esta práctica que tanta buena suerte traía a las familias, ya no es tan común. En caso de que prepares un pudín, recuerda que todos los miembros de la familia deben agitar un rato la mezcla y pedir un deseo. Se debe agitar hacia el lado que giran las manecillas del reloj, y los deseos mantenerse secretos.

Antiguamente se añadían algunas monedas de plata a la mezcla para garantizar la buena suerte financiera durante los siguientes doce meses; en otras ocasiones se incluía un anillo para que se llevara a cabo una boda.

Capítulo once

Suerte en el Lejano Oriente

INTRODUCCIÓN

En Asia disfrutan rodearse de objetos que traerán suerte. Los chinos, por ejemplo, tienen tres dioses importantes: Fu, Lu y Shou, que generalmente aparecen juntos en las imágenes. Fu es el dios de la suerte, Lu de la prosperidad y Shou de la longevidad.

El símbolo chino para *fu* es muy popular en la decoración y, por lo general, aparece de cabeza. Esto porque la palabra china para "llegó", *dao*, suena exactamente igual a "voltear de cabeza". Por lo anterior, cuando el símbolo se pone de cabeza, significa "la suerte llegó".

Los chinos tienen historias encantadoras para casi todo, y la figura de fu no es la excepción. Al parecer, uno de los oficiales del príncipe Gong pidió a sus sirvientes pegar grandes símbolos de fu en las puertas que conducían al palacio y las bodegas, pero uno pegó por error el símbolo de cabeza. Gong se puso furioso cuando vio eso y exigió castigar al culpable. Pero como al oficial le dio miedo que lo terminaran castigando a él, explicó rápidamente que un fu de cabeza era todavía más auspicioso porque significaba que la buena suerte había llegado. Al príncipe le encantó y, en lugar de castigar al oficial, dio a cada uno de los sirvientes cincuenta taels de plata.

La gente en Asia se toma muy en serio los conceptos de fortuna y destino. El de una persona lo dictan el día y la hora de su nacimiento; sin embargo, puede modificarse por aspectos como ambiente, carácter, nivel de educación y disposición a esforzarse.

Si experimentas algunas sugerencias de este capítulo, debes esforzarte porque si esperas que la suerte ocurra, pasará de largo.

253. EL MURCIÉLAGO

Es símbolo de buena suerte porque la palabra que designa a este animal, *biān fu*, es similar a fu, que significa suerte. Dos murciélagos enfrentados simbolizan "doble suerte". Asimismo, una imagen de vampiro rojo es extremadamente auspiciosa porque, en el este, rojo repele al mal. Un murciélago junto a una moneda significa "suerte frente a tus ojos".

Ver cinco es sumamente propicio porque equivalen a las "cinco buenas fortunas": longevidad, riqueza, salud, amor de la virtud y muerte natural. Esto suele expresarse como un solo deseo con la frase: "Que las cinco fortunas toquen a tu puerta".

254. EL DRAGÓN

Los chinos tienen cuatro criaturas "con dones espirituales" que, en conjunto se llaman *si ling*. Son dragón, fénix, unicornio y tortuga. Todas atraen la suerte de distintas maneras. El dragón, por ejemplo, además de conferir suerte, simboliza fortaleza, valor, resistencia y poder. En Asia es común desplegar sus imágenes para la buena fortuna. El mejor ejemplo se puede encontrar en la Ciudad Prohibida de Pequín, donde miles adornan paredes, techos, puertas y mobiliario.

255. EL FÉNIX

Simboliza calidez, prosperidad, energía solar y belleza. Ofrece buena suerte a las parejas que desean familia, y por eso, con frecuencia se encuentra junto al dragón en ceremonias nupciales para desear a la pareja una vida feliz y afortunada con muchos descendientes.

256. EL UNICORNIO

Es la tercera criatura celestial, y simboliza sabiduría, longevidad, paz, compasión y buena voluntad. Da buena suerte a través de la sabiduría, una vida longeva e hijos exitosos.

257. LA TORTUGA

Es símbolo de longevidad, fortaleza y buena salud. El dragón, el fénix y el unicornio son criaturas míticas, pero la tortuga también pertenece a este grupo porque algún tiempo la gente la creyó inmortal. Provee buena suerte a través de la buena salud y una larga vida.

258. NIÑOS QUE DAN SUERTE

En Asia es común ver figuritas de un niño y una niña regordetes en las puertas de las casas y los negocios. Se les conoce como *da ah fu*, y ofrecen protección, felicidad y suerte. Al principio estaban hechas de arcilla, pero hoy es más frecuente verlas dibujadas en papel. Por razones obvias, las parejas de recién casados suelen tener estatuas de *da ah fu* en sus hogares.

259. LA ESPADA DEL DINERO

La tradicional espada china del dinero, elaborada con monedas que se mantienen juntas gracias a un cordón rojo que pasa entre ellas, se ha vuelto un amuleto muy popular en Occidente gracias al creciente interés en el feng shui. Originalmente se

fabricaban con la idea de que los emperadores que goberna-
ban cuando fueron acuñadas, repelerían a cualquier fantasma
o espíritu malévolo. Por lo general, las espadas de monedas
se cuelgan encima de la cabecera, pero se pueden colocar en
cualquier lugar. Estos amuletos atraen la prosperidad y la
buena suerte.

260. EL REGUILETE

En China, los de mano se compran y exhiben durante el Año
Nuevo chino. Se cree que aumentan la buena suerte de quien
los compra por todo el año venidero. Pueden cambiar la suerte
y atraer la buena fortuna donde no la hay. Estos ingeniosos
juguetes suelen contener una frase con la que se desea lo mejor
al propietario, además de prosperidad y buena salud.

261. ASTROLOGÍA CHINA

En el Oriente se ha utilizado la astrología china durante miles
de años para mejorar la calidad de vida de la gente. La suerte
juega una parte muy importante en la cultura y, por lo mismo,
todos tienen la oportunidad de usar el animal relacionado con
su año de nacimiento para que les ayude a mejorar su buena
fortuna. A continuación te presento los animales para cada
año:

* Mono—20 de febrero de 1920 a 7 de febrero de 1921
* Gallo—8 de febrero de 1921 a 27 de enero de 1922
* Perro—28 de enero de 1922 a 15 de febrero de 1923
* Cerdo—16 de febrero de 1923 a 4 de febrero de 1924
* Rata—5 de febrero de 1924 a 24 de enero de 1925
* Buey—25 de enero de 1925 a 12 de febrero de 1926
* Tigre—13 de febrero de 1926 a 1 de febrero de 1927
* Conejo—2 de febrero de 1927 a 22 de enero de 1928

❖ Dragón—23 de enero de 1928 a 9 de febrero de 1929
❖ Serpiente—10 de febrero de 1929 a 29 de enero de 1930
❖ Caballo—30 de enero de 1930 a 16 de febrero de 1931
❖ Cabra—17 de febrero de 1931 a 5 de febrero de 1932
❖ Mono—6 de febrero de 1932 a 25 de enero de 1933
❖ Gallo—26 de enero de 1933 a 13 de febrero de 1934
❖ Perro—14 de febrero de 1934 a 3 de febrero de 1935
❖ Cerdo—4 de febrero de 1935 a 23 de enero de 1936
❖ Rata—24 de enero de 1936 a 10 de febrero de 1937
❖ Buey—11 de febrero de 1937 a 30 de enero de 1938
❖ Tigre—31 de enero de 1938 a 18 de febrero de 1939
❖ Conejo—19 de febrero de 1939 a 7 de febrero de 1940
❖ Dragón—8 de febrero de 1940 a 26 de enero de 1941
❖ Serpiente—27 de enero de 1941 a 14 de febrero de 1942
❖ Caballo—15 de febrero de 1942 a 4 de febrero de 1943
❖ Cabra—5 de febrero de 1943 a 24 de enero de 1944
❖ Mono—25 de enero de 1944 a 12 de febrero de 1945
❖ Gallo—13 de febrero de 1945 a 1 de febrero de 1946
❖ Perro—2 de febrero de 1946 a 21 de enero de 1947
❖ Cerdo—22 de enero de 1947 a 9 de febrero de 1948
❖ Rata—10 de febrero de 1948 a 28 de enero de 1949
❖ Buey—29 de enero de 1949 a 16 de febrero de 1950
❖ Tigre—17 de febrero de 1950 a 5 de febrero de 1951
❖ Conejo—6 de febrero de 1951 a 26 de enero de 1952
❖ Dragón—27 de enero de 1952 a 13 de febrero de 1953
❖ Serpiente—14 de febrero de 1953 a 2 de febrero de 1954
❖ Caballo—3 de febrero de 1954 a 23 de enero de 1955
❖ Cabra—24 de enero de 1955 a 11 de febrero de 1956
❖ Mono—12 de febrero de 1956 a 30 de enero de 1957
❖ Gallo—31 de enero de 1957 a 17 de febrero de 1958
❖ Perro—18 de febrero de 1958 a 7 de febrero de 1959
❖ Cerdo—8 de febrero de 1959 a 27 de enero de 1960

❖ Rata—28 de enero de 1960 a 14 de febrero de 1961

❖ Buey—15 de febrero de 1961 a 4 de febrero de 1962

❖ Tigre—5 de febrero de 1962 a 24 de enero de 1963

❖ Conejo—25 de enero de 1963 a 12 de febrero de 1964

❖ Dragón—13 de febrero de 1964 a 1 de febrero de 1965

❖ Serpiente—2 de febrero de 1965 a 20 de enero de 1966

❖ Caballo—21 de enero de 1966 a 8 de febrero de 1967

❖ Cabra—9 de febrero de 1967 a 29 de enero de 1968

❖ Mono—30 de enero de 1968 a 16 de febrero de 1969

❖ Gallo—17 de febrero de 1969 a 5 de febrero de 1970

❖ Perro—6 de febrero de 1970 a 26 de enero de 1971

❖ Cerdo—27 de enero de 1971 a 14 de febrero de 1972

❖ Rata—15 de febrero de 1972 a 2 de febrero de 1973

❖ Buey—3 de febrero de 1973 a 22 de enero de 1974

❖ Tigre—23 de enero de 1974 a 10 de febrero de 1975

❖ Conejo—11 de febrero de 1975 a 30 de enero de 1976

❖ Dragón—31 de enero de 1976 a 17 de febrero de 1977

❖ Serpiente—18 de febrero de 1977 a 6 de febrero de 1978

❖ Caballo—7 de febrero de 1978 a 27 de enero de 1979

❖ Cabra—28 de enero de 1979 a 15 de febrero de 1980

❖ Mono—16 de febrero de 1980 a 4 de febrero de 1981

❖ Gallo—5 de febrero de 1981 a 24 de enero de 1982

❖ Perro—25 de enero de 1982 a 12 de febrero de 1983

❖ Cerdo—13 de febrero de 1983 a 1 de febrero de 1984

❖ Rata—2 de febrero de 1984 a 19 de febrero de 1985

❖ Buey—20 de febrero de 1985 a 8 de febrero de 1986

❖ Tigre—9 de febrero de 1986 a 28 de enero de 1987

❖ Conejo—29 de enero de 1987 a 16 de febrero de 1988

❖ Dragón—17 de febrero de 1988 a 5 de febrero de 1989

❖ Serpiente—6 de febrero de 1989 a 26 de enero de 1990

❖ Caballo—27 de enero de 1990 a 14 de febrero de 1991

❖ Cabra—15 de febrero de 1991 a 3 de febrero de 1992

❧ Mono—4 de febrero de 1992 a 22 de enero de 1993
❧ Gallo—23 de enero de 1993 a 9 de febrero de 1994
❧ Perro—10 de febrero de 1994 a 30 de enero de 1995
❧ Cerdo—31 de enero de 1995 a 18 de febrero de 1996
❧ Rata—19 de febrero de 1996 a 6 de febrero de 1997
❧ Buey—7 de febrero de 1997 a 27 de enero de 1998
❧ Tigre—28 de enero de 1998 a 15 de febrero de 1999
❧ Conejo—16 de febrero de 1999 a 4 de febrero de 2000
❧ Dragón—5 de febrero de 2000 a 23 de enero de 2001
❧ Serpiente—24 de enero de 2001 a 11 de febrero de 2002
❧ Caballo—12 de febrero de 2002 a 31 de enero de 2003
❧ Cabra—1 de febrero de 2003 a 21 de enero de 2004
❧ Mono—22 de enero de 2004 a 8 de febrero de 2005
❧ Gallo—9 de febrero de 2005 a 28 de enero de 2006
❧ Perro—29 de enero de 2006 a 17 de febrero de 2007
❧ Cerdo—18 de febrero de 2007 a 6 de febrero de 2008
❧ Rata—7 de febrero de 2008 a 25 de enero de 2009
❧ Buey—26 de enero de 2009 a 13 de febrero de 2010
❧ Tigre—14 de febrero de 2010 a 2 de febrero de 2011
❧ Conejo—3 de febrero de 2011 a 22 de enero de 2012
❧ Dragón—23 de enero de 2012 a 9 de febrero de 2013
❧ Serpiente—10 de febrero de 2013 a 30 de enero de 2014
❧ Caballo—31 de enero de 2014 a 18 de febrero de 2015
❧ Cabra—19 de febrero de 2015 a 7 de febrero de 2016
❧ Mono—8 de febrero de 2016 a 27 de enero de 2017
❧ Gallo—28 de enero de 2017 a 15 de febrero de 2018
❧ Perro—16 de febrero de 2018 a 4 de febrero de 2019
❧ Cerdo—5 de febrero de 2019 a 24 de enero de 2020

262. SUERTE ASTROLÓGICA

Tú puedes acrecentar tu fortuna mejorando el ch'i de la zona de tu hogar relacionada con tu animal del horóscopo chino.

El objetivo es atraer toda la energía positiva que sea posible a esta parte de tu hogar. Por desgracia, es imposible si en esa zona hay una bañera o un retrete.

Esta parte puede activarse mediante un adorno llamativo con el animal de tu signo. Si te es posible, rodea la imagen con gemas y cristales; puedes hacerlo en la oficina e incluso en tu escritorio.

A continuación te presento las coordenadas para cada signo:

* Rata—352.5° a 7.5°
* Buey—22.5° a 37.5°
* Tigre—52.5° a 67.5°
* Conejo—82.5° a 97.5°
* Dragón—112.5° a 127.5°
* Serpiente—142.5° a 157.5°
* Caballo—172.5° a 187.5°
* Cabra—202.5° a 217.5°
* Mono—232.5° a 247.5°
* Gallo—262.5° a 277.5°
* Perro—292.5° a 307.5°
* Cerdo—322.5° a 337.5°

263. SUERTE DE LA FLOR DEL DURAZNERO

Se relaciona con el amor y el romance. Si buscas a la pareja perfecta, activa esta sección de tu casa para que la persona adecuada se acerque a ti.

Suerte de la flor del duraznero para Buey, Serpiente y Gallo
Si naciste el año del Buey, la Serpiente o el Gallo, y deseas más suerte en el amor, muestra un adorno de caballo en la zona sur de tu hogar. Este artículo activará tu suerte de la flor del duraznero y te ayudará a encontrar a la pareja adecuada.

Dedica tiempo para elegir tu caballo porque necesita ser muy atractivo. Si la parte sur de tu casa es un baño, colócalo en la zona sur de la sala.

Suerte de la flor del duraznero para Rata, Dragón y Mono
Si naciste el año de la Rata, el Dragón o el Mono, y deseas más suerte en el amor, exhibe un gallo en la zona oeste de tu casa, pero si ahí hay un baño, coloca la imagen en la zona oeste de tu recámara.

Suerte de la flor del duraznero para Conejo, Cabra y Cerdo
Si naciste el año del Conejo, la Cabra o el Cerdo, y deseas más suerte en el amor, muestra un adorno de rata en la zona norte de tu casa. Sé que tiene una connotación negativa en Occidente, pero en Oriente es emblema de ingenuidad. Recuerda que si tu baño está en el norte, coloca la imagen en el norte de la sala.

Suerte de la flor del duraznero para Tigre, Caballo y Perro
Si naciste en el año del Tigre, el Caballo o el Perro, y deseas más suerte en el amor, coloca un adorno de conejo en el este de tu hogar. Si hay un baño en esa zona, ubícalo en el este de tu sala.

264. SUERTE DE LA FLOR DEL CIRUELO
Funciona bien con la de flor del durazno. La suerte del ciruelo se motiva a una pareja permanente en tu vida.

Busca una pintura, dibujo u ornamento que simbolice amor y matrimonio. Si consigues dos o más, mucho mejor. Idealmente, por lo menos en una de las imágenes deberá aparecer una pareja; de palomas, por ejemplo, sería genial, pero recuerda que es importante elegir objetos que te parezcan atractivos.

Ubica los artículos en la esquina suroeste de tu casa y cuídalos bien. Mantenlos desempolvados y habla con ellos por lo menos una vez al día hasta que aparezca esa persona especial.

265. PEONÍA

Es la flor de la primavera. Se le considera símbolo de honor, riqueza y buena suerte. También representa al amor y la belleza femenina. Cuando se encuentra en plena floración se considera señal de buena suerte y felicidad. Esta flor aparece con mucha frecuencia en el arte chino y eso permite a la gente exhibir imágenes de peonías en floración todo el año.

266. CRISANTEMO

Es la flor del otoño. Simboliza gozo y júbilo; sin embargo, su significado principal es el paso sutil y sencillo a través de la vida. Por eso es de buena suerte. En los festivales chinos es posible ver crisantemos amarillos que buscan crear una atmósfera de felicidad y alegría.

267. LOTO

Flor del verano y, en China, planta sagrada. Simboliza la pureza porque se yergue entre el agua turbia y sucia para revelar su hermosa flor. También es símbolo de espiritualidad, paz y diversión.

268. MAGNOLIA

Simboliza el pensamiento positivo, la esperanza, los deseos y los sueños para el futuro. También es emblema de la dulzura y belleza femeninas.

269. ORQUÍDEA

Representa elegancia y refinamiento. Es una flor de amor y amistad, y también de la virtud y la moral alta. Es muy popular en las bodas chinas porque también representa fertilidad y buena fortuna.

270. DURAZNO

En la cultura china, representa inmortalidad y promesa de vida eterna. En las leyendas el dios de la inmortalidad surgía de un durazno; por eso las pinturas que muestran esta escena o al dios sosteniendo un durazno dorado son muy populares como regalos, en especial para los miembros más ancianos de la familia.

271. NARANJA

Simboliza felicidad, riqueza y buena fortuna. En el Año Nuevo chino se exhiben naranjas en los hogares, y también se regalan a personas queridas. Su asociación con la riqueza se debe a su forma redonda y su color dorado que la semejan una moneda de oro. La relación también se justifica porque las palabras chinas para "naranja" y "oro" —gan ju—, suenan muy parecido.

272. GRANADA

Como tiene muchas semillas, es símbolo de familias grandes con muchos hijos exitosos que honrarán el nombre de la familia. Es uno de los tres frutos afortunados que brindan abundancia y riqueza. Los otros dos son el durazno y el limón. En las bodas chinas es muy popular regalar imágenes de granadas abiertas a la mitad.

273. PÉRSICO

Simboliza júbilo, felicidad, éxito financiero y buena fortuna. Cuando se le combina con la tangerina produce un significado muy especial: "Que tengas buena fortuna en todos tus proyectos." Por lo anterior, no sorprende que las imágenes y cuadros de pérsicos y tangerinas sean obsequios tan populares.

274. Suerte con el dinero

Corta treinta centímetros de cordel verde y enróllalo cinco veces en tu dedo meñique. Los hombres en la mano izquierda y las mujeres en la derecha. Debe enrollarse en la dirección de las manecillas del reloj, y los dedos apuntar hacia otro lado que no seas tú. Al final haz un nudo y cada vez que se moje, remplaza el cordel. Esta cuerda verde es como un anillo que atrae buena fortuna, y se utiliza principalmente para buena suerte en asuntos económicos.

275. Tus amigos con suerte

Los doce signos astrológicos chinos se dividen en tres grupos de cuatro. Quienespertenecen a signos del mismo grupo que tú, pueden ser extremadamente benéficos y brindarte una cantidad enorme de buena suerte. Las personas que pertenezcan a los tres primeros signos de tu grupo, serán aliados poderosos, mentores y confidentes; y las que pertenezcan al cuarto signo se convertirán en "amiga o amigo secreto". Un amigo secreto al principio tal vez no lo consideres cercano, pero con el paso del tiempo te demostrará, con acciones y palabras, que es un verdadero amigo o amiga.

Si una persona de alguno de los cuatro signos de tu grupo llega a tu vida, es buen augurio por sí mismo, pero también hay una fórmula que te ayudará a determinar quiénes son tus aliados y quién tu amigo secreto.

Los aliados están a cuatro signos de distancia, y los animales rotan de la siguiente manera:

1. Rata
2. Buey
3. Tigre
4. Conejo
5. Dragón
6. Serpiente
7. Caballo
8. Cabra
9. Mono
10. Gallo
11. Perro
12. Cerdo

Siguiendo esta secuencia vemos que los aliados de la Rata son el Dragón y el Mono; y los del Gallo el Buey y la Serpiente.

El amigo secreto se encuentra de otra manera:

❖ 9. Mono, 8. Cabra, 7. Caballo, 6. Serpiente,
❖ 10. Gallo, 5. Dragón,
❖ 11. Perro, 4. Conejo,
❖ 12. Cerdo, 1. Rata, 2. Buey, 3. Tigre.

En la primera hilera, el Mono y la Serpiente son amigos secretos, al igual que la Cabra y el Caballo.

En la segunda hilera, Gallo y Dragón son amigos secretos.

En la tercera hilera, lo son Perro y Conejo.

En la cuarta hilera, el Cerdo y el Tigre son amigos secretos, de la misma forma que la Rata y el Buey.

Aquí tienes los animales y los signos de buena suerte para cada uno:

❖ Rata—Dragón y Mono. Amigo secreto: Buey.

❖ Buey—Serpiente y Gallo. Amigo secreto: Rata.

❖ Tigre—Caballo y Perro. Amigo secreto: Cerdo.

❖ Conejo—Cabra y Cerdo. Amigo secreto: Perro.

❖ Dragón—Rata y Mono. Amigo secreto: Gallo.

❖ Serpiente—Gallo y Buey. Amigo secreto: Mono.

❖ Caballo—Tigre y Perro. Amigo secreto: Cabra.

❖ Cabra—Conejo y Cerdo. Amigo secreto: Caballo.

❖ Mono—Dragón y Rata. Amigo secreto: Serpiente.

❖ Gallo—Serpiente y Buey. Amigo secreto: Dragón.

❖ Perro—Caballo y Tigre. Amigo secreto: Conejo.

❖ Cerdo—Cabra y Conejo. Amigo secreto: Tigre.

Con esta lista también aumentarás la buena suerte de tus aliados y tu amigo secreto, basta con mostrar adornos o imágenes de ellos en tu casa. También lleva estos artículos en un brazalete con los cuatro animales: tu signo, más tus dos aliados y tu amigo secreto.

276. Los peces y tu carrera

Se les considera poderosos símbolos de la buena fortuna y la suerte desde hace miles de años. Los antiguos chinos vieron a las carpas saltar sobrelas cascadas para llegar a las zonas de desove, y por eso las relacionaron con el progreso a etapas superiores.

Para activar la suerte en tu carrera profesional, utiliza una pecera o acuario. Debes colocarlo en la esquina norte de tu sala o de un recinto donde pases buena parte de tu tiempo. Es importante que el acuario esté bien cuidado y el agua circule bien para evitar que se estanque. Si es grande, deberás tener nueve peces. Ocho serán dorados o rojos, y el noveno negro.

Éste absorberá la mala suerte que llegue a ti. Si alguno muere significa que absorbió mala suerte, y deberás reemplazarlo lo más rápido posible.

277. EL CABALLO Y TU CARRERA

En el Oriente es símbolo de reconocimiento, ascenso laboral y mejoramiento del estatus. Por esta razón, si quieres activar tu carrera, deberás colocar la imagen de un caballo en la zona sur de tu sala o alcoba. Debes mantenerlo bien cuidado y sin polvo. Algunas personas creen que un mono sobre el caballo aumenta las posibilidades de suerte y prosperidad.

278. PASIÓN Y SUERTE

El rojo es un color muy estimulante. Los chinos usan peonías rojas para encender de nuevo el fuego de la pasión que alguna vez existió en relaciones que duraron mucho tiempo. Si deseas más suerte en la alcoba, coloca en tu habitación un florero con peonías, o una pintura con estas flores.

Como todo lo rojo aumenta la pasión. Busca objetos atractivos de este color que vayan bien con la decoración de tu cuarto y disfruta los resultados.

279. CUATRO FRUTOS QUE DAN SUERTE

Duraznos, naranjas, granadas y pérsicos son auspiciosos. A veces incluso se les llama "frutos de la buena fortuna"; cada uno simboliza diferentes aspectos.

Los duraznos simboliza el matrimonio y la inmortalidad. Se dice que el dios chino de la inmortalidad surgió de un durazno, por eso las imágenes que hay de esta divinidad lo muestran con un durazno.

Las naranjas, prosperidad, buena fortuna y felicidad. Su forma y su color hacen que la gente piense en el oro, y cuando llega el Año Nuevo Lunar, las exhibe en su casa, las come y las regala.

Como las granadas tienen muchas semillas, son el símbolo de las familias grandes con muchos hijos exitosos.

El pérsico simboliza amistad, alegría, júbilo y buena fortuna. También ofrece un desplazamiento fluido en la vida.

280. El Buda sonriente

El Buda Maitreya, mejor conocido en Occidente como Buda sonriente, es regordete, panzón y se ríe. Por lo general se fabrica de cerámica, pero a veces también se le encuentra en jade, marfil o madera. Si lo ves todos los días, sonreirás y te sentirás feliz; lo mejor es que, según cuentan, si frotas su estómago por lo menos una vez al día, ¡te dará buena suerte!

281. Cumpleaños

En China se celebran el mismo día o antes porque es de mala suerte hacer la fiesta después. Hay varios cumpleaños que no se celebran porque sería de mal agüero. Las mujeres, por ejemplo, no deben festejar los cumpleaños números treinta, treinta y tres, y sesenta y seis porque el año siguiente a esas celebraciones vendrán problemas importantes. Por esta razón, las mujeres en China tienen veintinueve durante dos años. Cuando cumpla treinta y tres, debe comprar un trozo de carne y cortarlo en treinta y tres pedazos; esto cederá toda la mala suerte a la carne que, por supuesto, debe tirarse de inmediato. Al llegar a los sesenta y seis años, la hija (o la mujer más cercana a la cumpleañera, en caso de que no tenga hijos), debe comprar carne y partirla sesenta y seis veces. Esta carne también se desecha.

Para los hombres chinos, la edad más peligrosa es los cuarenta años: no debe celebrarlos y tienen treinta y nueve un año más. Excepto por estos, los demás cumpleaños son auspiciosos, y la gente puede esperar que sean días muy afortunados.

282. Año Nuevo Chino

Duraba quince días, pero actualmente sólo tres en la mayoría de las comunidades. Esta celebración es muy importante e incluye varias actividades familiares. Los días previos la gente está muy ocupada porque necesita comprar ropa nueva y pagar todas sus deudas antes de que empiece el Año Nuevo. La casa también se limpia perfectamente pero no se hace durante los días de la celebración porque la familia podría barrer o tirar su buena suerte por accidente.

Antes se usaban ramas de durazno para alejar a los malos espíritus, y algunas personas conservan esta creencia; sin embargo, en la actualidad más bien compran estas ramas para atraer buena suerte. Si en la casa no hay un árbol kumquat —o de naranja enana—, se debe conseguir uno antes del Año Nuevo. La palabra china para kumquat *(jin ju)* es homófona de la palabra "oro" y, por lo tanto, simboliza el dinero que entrará a la casa. El florecimiento de un duraznero o un árbol kumquat se considera un vaticinio afortunadísimo, y por eso, los jardineros de los mercados se esfuerzan por asegurarse de que sus plantas estén en la etapa adecuada para que esto ocurra.

A los chinos les encanta intercambiar buena suerte en Año Nuevo, y por eso ofrecen a sus invitados tazas de té y dulces con raíces de ajonjolí y melón, así como fruta cristalizada y arroz glutinoso. Cuando toman algunos dulces, siempre dejan en el mismo sitio algunas monedas envueltas en papel rojo porque este color es considerado de la suerte en China. A estas moneditas empaquetadas se les conoce como *lai see*, "trocito de buena suerte".

Capítulo doce

Folclore y Suerte

INTRODUCCIÓN

Debido a que la vida está llena de peligros reales e imaginarios, las tradiciones folclóricas han sido muy populares como medios para atraer buena suerte. Algunas recomendaciones de este capítulo podrán parecer tontas a la gente del siglo XXI, pero mientras haya personas inseguras respecto a su futuro, seguirán usándose estos métodos, y otros similares, con tal de atraer a la buena fortuna.

Ya mencioné que conservo una bellota en mi escritorio desde que una de mis nietas me la regaló hace varios años. Forma parte de mis amuletos de la buena suerte. Si en alguno de mis paseos encuentró una bellota, la recojo, le agradezco que me brinde buenaventura y la conservo en mi bolsillo uno o dos días. Éste es un breve ritual que me hace sentir bien porque estoy seguro de que conserva alerta para detectar nuevas oportunidades. También cruzo los dedos, toco madera y hago varias de las cosas que menciono en este capítulo porque, después de todo, ¿quién sabe?: Tal vez aumenten mi suerte.

Elige una o dos recomendaciones de esta sección y pruébalas algunos días para ver cómo cambian tu actitud respecto a la vida. Un amigo mío escribió su número favorito en la parte trasera de una tarjeta de presentación y la guardó donde sabía que la vería al abrir la cartera. Cada vez que la notaba, se sentía motivado, lleno de entusiasmo y, naturalmente, afortunado.

Otra amiga guarda la fotografía de un crisantemo en su bolso porque es su flor preferida; cada vez que la mira piensa en las agradables horas que ha pasado trabajando en su jardín. Además, la imagen le hace darse cuenta de lo afortunada que es.

Yo una vez incluso me puse el mandil para las parrilladas al revés porque tenía un día particularmente espantoso. No sé si esto me haya dado suerte, pero sentirme tan ridículo me hizo reír y relajarme, y el resto del día fue mucho mejor.

283. LA BELLOTA

Siempre se les ha considerado símbolo de buena fortuna. Como los robles son árboles muy longevos, la gente creía que una bellota como amuleto le permitiría mantenerse joven de corazón y tener una larga vida. Una vieja superstición dice que si en una casa hay, por lo menos, una bellota en una de las ventanas, ningún rayo le caerá. Esta creencia proviene de la leyenda de que el dios nórdico Thor se resguardó bajo un roble en una tormenta eléctrica.

Las bellotas son semillas abundantes, y es muy sencillo guardarlas en el bolsillo o el bolso. Si crees que te funcionarán, o no, de todas maneras es buena idea traer una contigo para asegurarte una larga vida.

284. DEDOS CRUZADOS

En todo el mundo la gente los cruza para atraer buena suerte cuando está a punto de iniciar un nuevo proyecto o aventura. Recuerdo que los cruzaba en mi espalda cuando era niño porque decía una mentira y creía que eso anularía mi falsedad. La gente solía cruzarlos cuando mentía con la idea de que así el demonio no podría venir por ella; también he conocido a personas que cruzan los dedos cuando pasan por un cementerio.

Asimismo, suelen cruzarse para atraer suerte cuando apuestas o correrás un riesgo menor.

Y hay quienes incluso cruzan piernas y brazos.

285. DE PESCA

Si quieres buena suerte cuando vayas de pesca, escupe en tu carnada antes de lanzarla. No cambies de caña porque eso trae mala suerte. Por supuesto la puedes cambiar si la primera se daña por alguna razón, pero es importante sacar la nueva caña en el lugar adecuado. Si es ligera, por ejemplo, debes estrenarla donde haya muchos peces del tamaño adecuado. También es de buena suerte pescar contra el viento.

Los pescadores siempre regresan al mar el primer pez de cada día porque eso atrae buena fortuna. Si se trata de un grupo de pescadores, el primero que atrape un pez tendrá buena suerte hasta el anochecer.

286. TOCAR MADERA

Tocarla o golpearla es una antigua manera de solicitar buena suerte. En los tiempos de costumbres paganas, se creía que los árboles tenían almas para albergar a los dioses y, por eso, se les solicitaba que protegieran las cosechas, brindaran lluvia en tiempos de sequía, e incluso que ayudaran a las parejas a tener hijos.

Al tocar madera reconoces a ese dios o alma del árbol, y le solicitas protección. Hoy en día, en lugar de pedir buena suerte, solicitamos protección para que algo no suceda.

287. Cómo encontrar buena suerte

Tradicionalmente se considera que es de buena suerte encontrar un botón, un trébol de cuatro hojas, una moneda, una herradura, un lápiz, un segurito, una estampilla postal, un listón amarillo o cualquier cosa de color morado. Desde un punto de vista supersticioso, es importante recoger estos objetos porque, si no lo haces, la suerte se quedará en ellos y será conferida a la primera persona que los tome.

La suerte de una moneda se duplica si la encuentras con la cara hacia arriba.

288. El segurito de la suerte

Encontrar uno es presagio halagüeño; es importante que lo recojas y aproveches la suerte que te dará todo el día. Sin embargo, no todos son auspiciosos. Si lo encuentras abierto, seguramente la suerte ya se escapó. Pueden dar buena y mala suerte, todo depende de la situación. Recuerda que son puntiagudos y afilados, y eso los hace peligrosos. Al mismo tiempo, son justamente para protegerte y "darte seguridad". Sólo necesitas evitar que te lastimen.

Si caminando ves un segurito en el suelo, debes levantarlo, pero sólo si la punta está dirigida al lado contrario a ti porque esta posición genera buena suerte. No obstante, si apunta hacia ti, déjalo porque sólo "levantarás penas".

289. La inauguración de la casa nueva

Existen muchas tradiciones halagüeñas para cuando uno se muda. Una de ellas consiste en caminar por toda la propiedad y entrar a las habitaciones con una hogaza de pan y un plato con sal. Recuerda no llevar una escoba vieja a la casa nueva porque eso trae mala suerte —es necesario que sea nueva—, y que los días más propicios para mudarse son lunes y miércoles.

LA SUERTE A TRAVÉS DE LA HISTORIA Y LA CULTURA

290. ROPA CON SUERTE

El color azul siempre es auspicioso porque el cielo es azul (en la parte superior) y porque repele las energías negativas. Las novias usan algo de este color en su boda para atraer buena suerte.

291. ANILLO DE LA SUERTE

Una manera sencilla de fabricar un amuleto es tomar un trozo de hilo, enrollarlo en forma de anillo y guardarlo en tu cartera o tu bolso. Tócalo cada vez que lo veas para que te dé buena fortuna.

Si no avanzas en la vida como te gustaría, cambia tus anillos de dedo. Según la tradición, esto provocará una mejoría inmediata.

292. CÓMO VESTIRSE

Por la mañana, primero debes ponerte la media o calcetín del lado derecho. También meter el brazo derecho en la camisa o blusa antes que el izquierdo. Este orden garantizará buena suerte todo el día. Según creencias, el hombre que mete primero la pierna derecha en el pantalón, siempre será el amo de la casa. Si inserta la izquierda antes, corre el riesgo de volverse mandilón y que los otros miembros de la familia dejen de respetarlo. Sin embargo, si mete las dos piernas al mismo tiempo, atraerá buena suerte.

Recuerda que una prenda al revés siempre es un signo auspicioso. Esta creencia se remonta a la época de Guillermo el Conquistador quien, antes de la Batalla de Hastings, se puso así la cota de malla. Sus cortesanos se preocuparon porque tenían la idea de que era un mal presagio, pero Guillermo los tranquilizó diciéndoles que era buena señal porque dejaría de ser duque para convertirse en rey. Asimismo, ponerse calcetines, medias o calcetas de dos pares distintos, también es señal promisoria. No obstante, la suerte sólo perdurará si usas las prendas todo el día.

293. Víspera de Año Nuevo

En todo el mundo se practican tradiciones populares para conseguir suerte en el año que se inicia. En Bolivia, por ejemplo, se comen doce uvas a medianoche. En Escocia se cree que la primera persona que cruce el umbral de la casa determinará la suerte de los habitantes; por esto, el mejor visitante es un hombre de cabello oscuro con una moneda, un montón de carbón y un trocito de pan. Es todavía mejor si porta una botella de whisky, pero todos estos artículos simbolizan dinero, alimento y calidez.

Una creencia tradicional indica que cualquiera que beba el remanente de una botella de alguna bebida alcohólica en la víspera del Año Nuevo, gozará de buena fortuna en los meses siguientes.

Recuerda que es necesario pagar todas las deudas pendientes antes del cambio de año porque de esa manera garantizarás no deber nada en los siguientes doce meses.

Quedarse despierto hasta la medianoche para recibir el Año Nuevo es una costumbre muy popular que solía llamarse "el gran festejo sonoro", porque precisamente a las doce se escuchaban las campanas de las iglesias. La costumbre se originó en una práctica que tenía como objetivo alejar a los espíritus malignos, por eso las fiestas debían ser ruidosas y desbordar júbilo.

294. Ropa nueva el día de Año Nuevo

Según las tradiciones folclóricas, si estrenas ropa ese día, tendrás un año completo de buena suerte. Las prendas rojas son sumamente auspiciosas e indicanque en los siguientes doce meses recibirás mucha más ropa.

295. Si naciste el 1 de enero

Se dice que es el día más promisorio del año, por eso, si naciste ese día, la suerte te seguirá adonde quiera que vayas. Pero claro, ¡no creas que esto te protegerá de la estupidez o de riesgos excesivos!

296. Baile alrededor de un árbol

Otra encantadora superstición de esta época indica que si bailas alrededor de un árbol en Año Nuevo, tendrás uno completo de suerte. Debes hacerlo al aire libre, ¡así que no se vale alrededor de tu árbol de Navidad!

Hace muchos años conocí a una dama que bailaba alrededor de las plantas que tenía en maceta antes de guardarlas para protegerlas del invierno. La señora creía que eso le daba buena suerte a ella y a las plantitas también.

297. Cómo frotar para tener suerte

La mayoría de la gente sabe que es de buena suerte frotar la panza del Buda Sonriente, pero no todos que este personaje en realidad proviene de Budai, un excéntrico monje que vivió en China hace 1 100 años.

También es común frotar la cabeza de un calvo. Conozco a uno al que, de hecho, le desagrada mucho esta costumbre, pero le permite a la gente frotarlo porque espera un poco de esa suerte. Tengo amigos a los que les gusta porque los hace especiales y les trae buena fortuna. Justin Verlander, lanzador de los Tigres de Detroit, fue filmado mientras le frotaba la cabeza a Doug Teter, el entrenador del equipo.[35]

Frotar la estatua de una persona famosa también puede ser promisorio, y dicen que la nariz y los pies son los lugares más recomendables para esta práctica.

También es importante saber que la palabra *frotar* se refiere a tener contacto físico discreto. A muchas personas, por ejemplo, les gusta sentarse junto a gente afortunada porque creen que la suerte "se les pasará" a ellas.

298. ATRAPA UNA HOJA AL CAER

En todo el mundo se cree que atrapar una que cae del árbol, es de buena suerte. Si tú lo haces, necesitas guardar la hoja en un lugar seguro para que la fortuna siga fluyendo a ti.

299. ATRAPA UNA ESTRELLA FUGAZ

Si una pareja de enamorados ve una, deben pedir un deseo inmediatamente. Las estrellas que caen, o estrellas fugaces, también son auspiciosas para viajeros, gente enferma y quienes buscan pareja.

La famosa canción de Perry Como, "Catch a Falling Star", escrita por Paul Vance y Lee Pockriss fue grabada en 1957 y aún es popular por muchas razones, entre ellas, su alegre y positivo mensaje.

300. GUARDA UNA MONEDA EN TUS ZAPATOS

Se dice que una buena manera de atraer fortuna consiste en guardar una en tus zapatos, particularmente si fue acuñada el día que naciste.

301. LAS MONEDAS DE LA SUERTE Y LA LUNA NUEVA

Si colocas dos o más de plata en la palma de tu mano izquierda una noche de luna nueva, atraerás a la buena suerte. Sal de tu casa, observa la luna y, al mismo tiempo, frota las monedas con los dedos de la mano derecha.

302. La oruga

Las peludas son símbolo de buena suerte, pero para activarla, debes tomar a la oruga y lanzarla sobre tu hombro. Tal vez esto no resulte muy afortunado para ella, pero lo es para la persona que la encuentra.

303. De izquierda a derecha

Sir Winston Churchill adoraba el champán, y al principio de todas sus comidas importantes, siempre había una botella de esta bebida helada frente a él. Se servía una copa y luego servía a quienes estaban cerca de él. Después, pasaba la botella al lado izquierdo y decía a los demás comensales que se sirvieran.

Para Churchill era importante pasar la botella del lado izquierdo porque obedecía una antigua superstición: era de buena suerte proceder así, ya que en el hemisferio norte el sol cruza el cielo de izquierda a derecha si miras al sur.

304. El dedo pinchado

Si te pinchas por accidente en tu cumpleaños, permite que caigan tres gotas de sangre en un pañuelo limpio; luego debes traer el pañuelo contigo para atraer buena suerte.

305. Arcoíris de la suerte

Ver uno es excelente augurio porque simboliza el puente entre lo natural y lo supernatural. En el Reino Unido es promisorio ver el arcoíris, pero no señalarlo porque atraerás mala suerte.

Hay una adorable historia que se cuenta en muchos lugares del mundo sobre una olla llena de oro al final del arcoíris. Sin embargo, incluso si la olla no existe, el lugar donde el arcoíris toca el suelo es afortunado. Según la leyenda, la olla de oro representa lo positivo y halagüeño que es presenciar este fenómeno natural. También se considera promisorio ver sus dos extremos. Y en general, muchas personas piden un deseo cada vez que lo ven.

En la mitología nórdica se dice que es el puente para que las almas lleguen a la tierra de los dioses. En algunas partes de Europa se cree que las almas de los niños que mueren viajan por el arcoíris al cielo, y que sus ángeles de la guarda los acompañan.

En la Biblia se relata cómo creó Dios el arcoíris como símbolo de la promesa que le hizo a Noé de que jamás volvería a destruir el mundo con un diluvio. "Ésta es la señal del pacto que establezco para siempre con ustedes y con todos los seres vivientes que los acompañan: He colocado mi arcoíris en las nubes, el cual servirá como señal de mi pacto con la tierra" (Genesis 9:12-13). Naturalmente, muchas personas creen que este fenómeno natural es señal de que Dios nunca inundará el mundo otra vez.

En 1978, Gilbert Baker diseñó una bandera con los colores del arcoíris para el Desfile del Día del Orgullo Lésbico-Gay. Por eso se convirtió rápidamente en el símbolo internacional del orgullo gay. En 1986, además, la bandera fue reconocida como genuina por la International Flag Association.

306. ESTORNUDOS

La mayoría de la gente no sabe que hacerlo dos veces es buen presagio. Pero una o tres veces es de mal agüero. Antes la gente creía que el alma se podía escapar del cuerpo cuando se estornudaba, y por eso siempre se decía "Salud", "Que Dios te bendiga" o "Gesundheit" ("buena salud") para proteger a la persona hasta que su alma volviera al cuerpo. Decir estas palabras te da buena suerte a ti y a la persona que estornuda.

También es señal de buena suerte para una persona enferma porque, según se dice, es señal de que se recupera. El primer estornudo de un bebé también es buen presagio porque se creía que la gente tonta no estornudaba. Naturalmente, los padres se sentían muy aliviados en cuanto escuchaban al bebé hacerlo.

Recuerda que también es de buena suerte para toda la familia que el gato estornude o dos personas lo hagan al mismo tiempo.

307. MANCHAS EN LAS UÑAS

Se dice que los puntitos blancos son de buena suerte porque viene dinero en camino. De hecho una rima inglesa habla de ello:

Puntos en los dedos,
La fortuna me quedo.
Puntos en el pulgar,
La fortuna va a llegar.

La primera referencia a los puntos en las uñas aparece en *El libro del Zohar* (ii.76ª), texto místico judío que se publicó por primera vez en el siglo XIII pero, se dice, es cientos de años más antiguo.

308. NÚMEROS DE LA SUERTE

Algunos siempre se han considerado de buen agüero. El arte de la numerología, que describe el carácter y predice el futuro basándose en los números de las fechas de nacimiento, nos indica que desde la Antigüedad la gente estuvo familiarizada con el concepto de los números afortunados y desafortunados.

Dicen, por ejemplo, que si la suma de todos los números de tu fecha de nacimiento se puede dividir entre siete, estarás protegido y tendrás suerte toda la vida.

Si alguien te pide decir tu número de la suerte rápidamente, lo más probable es que digas un número impar. Exceptuando el 13, se considera que los impares dan mejor suerte que los pares. Hace más de dos mil años, Virgilio (70-19 a. C.), escribió en su octava *Égloga*: "El número impar es grato al numen." Asimismo, las pagodas chinas siempre tienen un número impar de pisos, y dan buena suerte al lugar en que son construidas.

La mayoría de los números de la suerte son de un solo dígito; sin embargo, algunas personas eligen once y veintidós porque, según la numerología, son "números maestros".

309. UNO

Es el número de la suerte porque se le asocia con un Dios y un Sol. También con la creación y la vida misma. La gente que nace el primer día de cualquier mes, tiene más suerte que la que nace en otros días.

310. DOS

El dos es afortunado porque simboliza la armonía, el equilibrio y los dos sexos. Como está formado por dos uno, se le asocia con las cosas que vienen en pares, como el hombre y la mujer, o el amor y el matrimonio. El número uno se vincula con el sol, y el dos, con la luna.

311. TRES

También se le considera afortunado. Pitágoras (c. 580-c.500), filósofo y matemático griego, creía que era el número perfecto. La profetisa griega Pythia se sentaba en un banco de tres patas para hacer sus vaticinios. Simboliza el milagro del nacimiento porque un hombre y una mujer crean un hijo. También el nacimiento, la vida y la muerte. Para el cristianismo, es el número de la Trinidad. En China, el tercer día de la luna nueva se considera el más propicio del año. El triángulo tiene tres lados, y se cree que es un poderoso símbolo mágico que mantiene al mal a raya. Muchos rituales para atraer suerte se tienen que repetir tres veces. También hay una creencia muy arraigada de que el tercer intento en cualquier cosa "es la vencida". Por si fuera poco, siempre vitoreamos tres veces, pedimos tres deseos, y nos damos tres oportunidades antes de rendirnos.

312. Cuatro

Se le considera el más afortunado porque hay muchas cosas que vienen de cuatro en cuatro. Por ejemplo, hay cuatro puntos cardinales, cuatro evangelios, cuatro evangelistas y cuatro palos en las barajas ordinarias y de tarot. También están los cuatro elementos clásicos: fuego, tierra, aire y agua; cuatro estaciones, primavera, verano, otoño e invierno; y cuatro cualidades: caliente, frío húmedo y seco.

313. Cinco

Es posible que se le considerara número de la suerte porque la gente tiene cinco dedos en las manos y los pies. Los antiguos griegos y romanos creían que era halagüeño, y por eso usaban amuletos con estrellas de cinco picos. En las bodas romanas, los invitados se presentaban en grupos de cinco. En la biblia se mencionan cinco vírgenes sabias y cinco tontas. También están los cinco elementos de la filosofía oriental: fuego, tierra, agua, metal y madera.

314. Seis

Símbolo de la Creación porque Dios hizo el mundo en seis días y descansó el séptimo. A este número también se le considera perfecto porque es la suma de 1+2+3. Se cree que la gente nacida el día seis del mes predice el futuro. Es número de mal agüero para gente deshonesta.

315. Siete

Los antiguos griegos creían que era el número perfecto. Esto porque representa la suma del triángulo y el cuadrado, formas perfectas a su vez. También notaron que las fases de la luna cambian cada siete días. La semana tiene siete días, hay siete pecados capitales y siete maravillas del mundo antiguo. En la Biblia, Dios creó el mundo en seis días y descansó el séptimo. Los humanos pueden ver cinco planetas, más el sol y la luna; y el arcoíris tiene siete colores. El siete no puede dividirse entre otro número. Se supone que el séptimo hijo de un séptimo hijo, tiene el don de la segunda vista, y poderes curativos. En el folclore japonés hay siete dioses de la suerte. El séptimo cielo islámico es la casa de Dios, y en Estados Unidos, cuando la gente está increíblemente feliz y jubilosa, dice que está en "el séptimo cielo".

Se dice que es de buena suerte que tu nombre o apellido contenga siete letras del alfabeto. Además, se supone que el siete es particularmente auspicioso para los apostadores.

316. Ocho

Los antiguos pitagóricos creían que era un número sólido y confiable. Símbolo del dios egipcio Thoth, quien derramaba el agua de la purificación sobre las cabezas de los iniciados en su religión. Emanuel Swedenborg (1688-1772), místico sueco, también lo vinculó con la purificación. Se cree que es de buena suerte para la gente en busca de éxito económico y material.

Al ocho siempre se le ha considerado auspicioso en China porque es un augurio de que vendrá dinero en el futuro cercano. El número 888 es extremadamente afortunado en China porque significa "riqueza, riqueza, riqueza".

317. NUEVE

Se cree que es auspicioso porque es tres —un número de la suerte— multiplicado por sí mismo. Como el periodo de la concepción al nacimiento es de nueve meses, a este número con frecuencia se le relaciona con la fertilidad. Hay varias expresiones que lo usan: el gato tiene nueve vidas, una persona puede convertirse en una maravilla de nueve días, y una puntadita a tiempo puede ahorrarte nueve más.

318. DIEZ

Se le considera afortunado desde hace miles de años. Como los seres humanos tienen diez dedos en manos y pies, simboliza la totalidad. Aristóteles creía que era "la suma de todas las cosas". Los pitagóricos pensaban que era símbolo de toda la creación, y solían representarlo como una estrella de diez picos. En la tradición judía, es el número de lo completo, lo que podría explicar por qué Dios le reveló diez mandamientos a Moisés. En China es símbolo de equilibrio.

319. ONCE

Se le considera afortunado porque, según la numerología, permite a la persona que lo elige desarrollarse en lo físico y lo espiritual hasta que él o ella sea capaz de inspirar a otros con su ejemplo.

320. DOCE

Símbolo del espacio y el tiempo en la astronomía y la astrología antiguas. Por esto tenemos doce signos zodiacales, doce meses del año y doce horas cada día y noche. Los chinos tienen doce grupos de años en su sistema astrológico. En la tradición griega tardía, doce dioses gobernaron en el Monte Olimpo. El doce también juega un papel importante en la tradición judeocristiana. Jacobo tuvo doce hijos y de ahí surgieron las doce tribus de Israel. El sacerdote tenía doce joyas en su peto. Jesús tuvo doce discípulos. Los cristianos celebran doce días de Navidad.

Se le considera auspicioso para todo lo relacionado con el tiempo, como las doce horas, días, semanas, meses o años.

321. TRECE

Es fascinante cómo cambian las cosas con el tiempo. Hoy en día, se le considera de mal agüero, pero en el pasado era todo lo contrario. Según una superstición cualquier persona nacida el viernes trece de cualquier mes, siempre será afortunada.

En el judaísmo, los chicos celebran su bar mitzvah a los trece años. Además, el libro de oraciones judío ortodoxo incluye "los trece principios de la fe" y habla sobre los trece atributos de Dios.

La bandera de Estados Unidos tiene trece barras, símbolo de las trece colonias originales. El Gran Sello de Estados Unidos, en la parte trasera del billete de un dólar, contiene varios trece. El escudo del águila tiene trece rayas, su garra izquierda trece flechas y con la derecha sostiene una rama de oliva con trece hojas y trece bayas. El círculo sobre la cabeza del águila es una constelación de trece estrellas. Incluso la frase en latín en el pico del águila *(E Pluribus Unum)*, tiene trece letras. El reverso del Gran Sello también aparece en el reverso del billete. También hay una pirámide de trece capas de piedra. La frase en latín sobre la pirámide *(Annuit Coeptis)* consta de trece letras. Todos estos trece están relacionados con las trece colonias y son símbolo de regeneración, renovación, y del nuevo mundo.

Los apostadores, la gente más supersticiosa que existe, creen que el trece es de buena suerte, por eso le apuestan al "Afortunado" trece, en especial cuando es viernes trece.

322. Veintidós

En la numerología a veces se le llama "maestro constructor". Es auspicioso porque a la persona que lo elige le otorga la posibilidad de desarrollar un enorme poder para beneficiar a la humanidad. Por desgracia, esta energía usualmente se mantiene apagada porque es extremadamente difícil controlar todo lo que este número ofrece.

323. Las vainas

En lugar de cultivarlos, la mayoría de la gente prefiere comprar chícharos ya industrializados, y por eso pierde la encantadora oportunidad de atraer buena suerte. Si al cocinarlos encuentras una vaina con uno solo, te irá bien todo un mes. Si encuentras nueve en una vaina, la suerte durará doce meses. Esta suerte se duplica si llegas a encontrar uno o nueve chícharos en la primera que abras.

324. La espoleta

Si tienes la gran suerte de recibir la espoleta cuando comas pollo o pavo, puedes pedir un deseo. Hazlo inmediatamente; tuerce tu meñique alrededor de uno de los extremos de la espoleta y ofrece el otro extremo a la persona sentada junto a ti. Cuando él o ella tenga el meñique alrededor del otro extremo, ambos pueden jalar y pedir un deseo en silencio. La persona que se quede con el hueso más grande, verá su deseo cumplirse.

También puedes dejar que la espoleta se seque por completo y hacer el mismo procedimiento.

Es importante tomar muy en serio esta oportunidad, así que no te rías ni hagas bromas mientras tengas una espoleta en las manos. Además, conserva tu deseo secreto hasta que se cumpla.

La fúrcula, mejor conocida como espoleta, es un amuleto muy poderoso. Puede ser de pollo o pavo, como ya mencioné. Es necesario que ambas personas pidan un deseo al jalar, pero sólo se cumplirá el de quien se quede con la parte cubierta. Mucha gente no lo sabe, pero la otra persona también recibirá algo de suerte en el futuro cercano.

Se desconoce el origen de esta creencia, pero quizá se relacione con el canto del gallo para anunciar el inicio del día, y el cacareo de la gallina a punto de poner un huevo: acciones que hicieron creer a la gente que estas aves podían ver el futuro.

325. EL CLAVEL

Es flor auspiciosa para gente nacida en enero. Se considera símbolo del amor femenino. Una antigua leyenda dice que el clavel apareció en la tierra para celebrar el nacimiento de Cristo, y aunque la historia es interesante, hay evidencia de que los claveles aparecieron mucho antes de la Natividad. Según una superstición la planta del clavel crece junto a las tumbas de los amantes y, por esto, se le incluye en las coronas funerarias. Pero para mencionar un aspecto más agradable de esta flor, déjame decirte que, según se cuenta, también es capaz de devolverle la alegría a la gente que sufre de melancolía.

326. LA VIOLETA

Flor de buena suerte para gente nacida en febrero. Los antiguos griegos tenían varias leyendas sobre su origen. Un día Orfeo dejó su lira sobre la tierra y, cuando la recogió, descubrió que habían crecido violetas bajo ella. A Napoleón Bonaparte le encantaban y usó una como insignia de honor cuando lo desterraron. Debido a esto, con frecuencia le llamaban "Cabo Violeta", y fueron prohibidas en Francia durante muchos años tras la Batalla de Waterloo.

327. EL NARCISO

Es flor de la suerte para gente nacida en Marzo. En el siglo XIX, en Gales se le adoptó como símbolo nacional. Inspirado por la belleza de esta flor, William Wordsworth escribió su famoso poema *Narcisos*. Si florece durante el Año Nuevo chino, se le considera señal de buena fortuna, riqueza y abundancia.

Según una vieja tradición, la primera persona del hogar que vea un narciso al principio de la primavera, tendrá buena suerte los siguientes doce meses. Asimismo, aunque se considera promisorio tener en la casa ramos de narcisos, traer solamente uno del exterior es de mala suerte.

328. LA MARGARITA

Es flor de la suerte para los nacidos en abril. Según el folclore, se relaciona con la inocencia, la pureza y la tranquilidad mental. De acuerdo con una antigua superstición si una mujer recién casada quiere un hijo, debe guardar una margarita en el interior de su media izquierda. En nuestros días los niños continúan recitando el bien conocido "Me quiere, no me quiere...", al mismo tiempo que arrancan sus pétalos para saber si alguien verdaderamente los ama. A pesar de que esta flor es bastante común y, por lo mismo, se le soslaya bastante, darle margaritas a la persona especial en tu vida, es símbolo de amor verdadero. Es auspiciosa para los enamorados.

329. Lirio del valle

Se considera flor de la suerte para los nacidos en mayo. Una leyenda antigua nos dice que estas flores nacieron de las lágrimas que derramó Eva cuando tuvo que abandonar el Jardín del Edén. En Irlanda dicen que es una escalerita por la que suben y bajan las haditas para tañer sus campanas.

Los cristianos lo dedicaron a la Virgen María, símbolo de la pureza, y en el Reino Unido con frecuencia se le llama "lágrimas de nuestra Señora".

Además de atraer buena suerte, se dice que el lirio del valle también puede alegrar incluso a la persona más triste.

330. La madreselva

Flor de la suerte para gente nacida en junio. Es una poderosa hierba que los chinos usan para eliminar toxinas del cuerpo. En buena parte de Asia, la madreselva simboliza longevidad porque sus largas y serpenteantes enredaderas se unen y parecen no tener fin. Para los europeos significa amor y protección, y es buena idea tenerla en el jardín. Si plantas madreselvas en el exterior de tu casa, atraerás prosperidad.

331. El lirio acuático

Flor de la suerte para la gente nacida en julio. Asimismo, el "Bambú de la suerte", una variedad de lirio acuático, es bastante popular en Occidente porque atrae la buena fortuna a tu hogar.

332. La gladiola

Auspiciosa para gente nacida en agosto. A los jardineros les encanta porque es fácil cuidarla y hacerla crecer, y porque provee hermosas y abundantes flores. Se cree que son a las que Jesús llamó "lirios del campo" porque en Tierra Santa se les encuentra en grandes cantidades. Ayuda a la gente a tener carácter y también es buena para quienes buscan pareja.

333. LAS CAMPANILLAS

Dan suerte a los nacidos en septiembre. Según las creencias mágicas folclóricas, confiere confianza, fortaleza, éxito y buena suerte. Entre los practicantes del vudú, a la raíz de la planta se le conoce como Juan el Conquistador, y se dice que frotarla da buena suerte en las apuestas y el amor.

334. LA CALÉNDULA

Flor auspiciosa para los nacidos en octubre. También se cree de buena suerte para cualquier persona preocupada por asuntos de dinero, en especial con apuestas. Los apostadores guardan algunos pétalos en un saquito bajo su almohada. Esta práctica estimula sueños proféticos que incluyan números de la suerte. Antiguamente se acostumbraba colgar coronas de caléndula en las puertas para evitar que los espíritus diabólicos entraran en casa. Su aroma ayuda a la gente a comprender que tiene los talentos necesarios para triunfar en esta vida.

335. EL CRISANTEMO

Se considera flor auspiciosa para los nacidos en noviembre. Era muy popular en el antiguo Egipto y en Grecia, y siempre ha sido importante en las culturas japonesa y china. Para los japoneses simboliza la perfección; por eso, la Suprema Orden del Crisantemo es el honor más importante que se recibe en Japón. En China, además de la perfección, simboliza longevidad. Antes se creía que beber agua con crisantemos era promisorio porque permitía a las personas vivir más y de una manera tranquila. Asimismo, los pétalos de esta flor son muy populares como decoración en la preparación de ensaladas.

336. EL NARCISO

Auspicioso para los nacidos en diciembre; sin embargo, debido a la leyenda del joven Narciso, se le relacionó durante miles de años con el egoísmo y el amor por uno mismo. En efecto, Narciso sólo se amaba a él. Un día, mientras admiraba su reflejo en un estanque de agua, trató de tocarlo y cayó. Cuando se recuperó, su cuerpo se había transformado en flor. A pesar de esta triste historia, no sólo da suerte a los nacidos en diciembre, sino también a quienes buscan metas importantes.

337. EL ACEBO

En la antigua Roma, simbolizaba amistad y se regalaba a los amigos a medio invierno como gesto de buena fe. En el norte de Europa la gente solía colgarlo en sus puertas para atraer la buena suerte. También se creía que durante el frío invierno, los espíritus de la madera buscaban refugio entre las plantas de acebo, y gracias a las coronas, se acercaban a las casas y les otorgaban protección.

Se vinculó con el cristianismo porque la gente creía que la corona de espinas de Jesús estaba hecha con esta planta. También que sus bayas originalmente fueron amarillas, pero se volvieron rojas tras la crucifixión para simbolizar la sangre de Cristo.

Además de ser un lindo símbolo navideño, el acebo ofrece protección al hogar y atrae buena suerte para los habitantes de la casa.

338. EL MIRTO

Los griegos lo dedicaron a Afrodita y lo consideraban símbolo del amor. En Roma había bosquecillos de mirto alrededor del templo de Venus. Este vínculo con el amor continúa vigente en

Gales, donde las parejas lo plantan a ambos lados de su casa para preservar el amor y garantizar la armonía en el hogar. En todo el Reino Unido se cree que el mirto es halagüeño.

339. SUERTE DE PRINCIPIANTE

Una vieja tradición dice que los principiantes en cualquier actividad tienen suerte inicial. Puede ser verdad o no, sin embargo, según la ley de probabilidades, cualquier suerte de principiante es sólo temporal. En el futbol británico se acostumbra que el jugador de mayor edad del equipo pase el balón al más joven al final del calentamiento antes de un juego. Esto garantiza que la suerte del principiante se extienda a todos los integrantes del equipo.

340. ALIENTO

Siempre se ha vinculado con el espíritu; de hecho en muchas culturas antiguas, la palabra para "aliento" también significa "espíritu". El *ruach* hebreo, el *pneuma* griego y el *spiritus* latino, son ejemplos de ello. El concepto de soplarle a algo para transmitirle suerte, tiene miles de años y todavía se conserva. Es común que los apostadores soplen a sus cartas o dados para pasarles la suerte, igual que se hace con boletos de lotería.

341. EL POZO DE LA SUERTE

Durante miles de años la gente ha pedido deseos al tiempo que arroja monedas a estanques, arroyos, pozos y fuentes. Esta práctica comenzó porque el agua es esencial para la vida y, por lo tanto, cualquier lugar de donde provenga se creía sagrado. La gente creía que todas las fuentes de agua lo eran de vida, y las cuidaban los espíritus de los dioses. Con el objetivo de fomentar la prosperidad y la buena fortuna, la gente oraba y hacía sacrificios para estos espíritus.

La encantadora costumbre de pedir un deseo y arrojar una moneda, se conserva hasta nuestros días como práctica superficial; sin embargo, la verdad es que ayuda a la gente a enfocarse en una meta específica y atraer la buena suerte.

342. Duplica tu suerte

Esta tradición la conocí en una visita reciente al Reino Unido. Caminaba con dos amigos por la callecitas de un pueblo, cuando de repente descubrí una moneda de diez peniques en el suelo. Me agaché para recogerla, y en cuanto me incorporé, uno de mis amigos me dio otra igual y dijo: "¡Duplica tu suerte!" Al parecer, se duplica si alguien te entrega una moneda de la misma denominación. Después compré un saquito muy pequeño para guardar mis monedas y empecé a repetirme "¡Duplica tu suerte!" cada vez que lo notaba en mi bolsillo.

343. Juegos de cartas

Un viejo dicho asegura que la gente con suerte en los juegos de cartas, carece de suerte en el amor, y viceversa. Si en un juego de baraja no te va como esperabas, puedes modificar tu suerte si soplas a las cartas mientras las barajas.

Asimismo, si tienes una carta de la suerte, debes tocarla con tu dedo índice derecho antes de comenzar a jugar.

344. El deshollinador

Cientos de años antes de que Julie Andrews cantara sobre la suerte y los deshollinadores en *Mary Poppins*, ya se creía que estos trabajadores eran halagüeños y llevaban consigo la suerte donde quiera que iban. La tradición comenzó en la Inglaterra del siglo XVIII, cuando uno de ellos salvó al rey, montado en un caballo desbocado. Antes de que tuviera tiempo de agradecerle, el deshollinador desapareció entre la multitud. Algunas fuentes dicen que era el rey Jorge III.

Darle un beso a un deshollinador o estrechar su mano, es sumamente auspicioso y asegura un matrimonio feliz a quien lo hace. También es de buena suerte que la novia vea uno camino a la boda; de hecho, en el Reino Unido es posible contratar y ubicar deshollinadores en el lugar indicado y el momento preciso, para asegurar que la mujer que se casa lo vea.

345. Círculo de la suerte

Siempre ha sido símbolo de totalidad, integridad, perfección y buena suerte. Quizás esto se debe al aparente círculo que describe el sol alrededor de la tierra.

Como es una figura halagüeña, la gente empezó a creer que los espíritus malignos no podían cruzarlo, y se inventaron artículos para protección como coronas y anillos. Incluso al lápiz labial se le vinculó con esta noción: como muchos creían que los espíritus podían ingresar al cuerpo por la boca, se pintó un círculo rojo alrededor para protegerlo.

346. La pluma de la suerte

Encontrar una es un buen augurio. Debes recogerla y clavarla en el suelo. Si es negra, la suerte se duplica. Mucha gente cree que las blancas provienen de los ángeles, y simbolizan protección y buena suerte. Si encuentras una blanca, guárdala como amuleto de la buena fortuna.

347. Hierro

Se considera auspicioso desde tiempos prehistóricos. La gente vio meteoritos ferrosos surcar el cielo y aterrizar en la tierra, y los creyó regalo especial de los dioses; de ahí que la fabricación de armas con este metal tuviera connotaciones sagradas.

Quienes las usaban podían vencer con facilidad a quienes no las poseían y esto fomentó aún más la noción de que el hierro tenía propiedades mágicas y halagüeñas.

Todavía en nuestros días se colocan objetos de hierro —tal vez un cuchillo—, bajo el tapete de la entrada para proteger la casa y atraer la buena fortuna.

348. HOJAS

Si el viento arrastra hojas secas al interior de tu casa, es buen augurio; no obstante, es de mala suerte que tú mismo introduzcas hojas muertas.

También es muy promisorio atrapar las que caen de un árbol, pero recuerda que debes interceptarlas antes de tocar el suelo. ¡Cada hoja que atrapes te proveerá un mes de buena suerte!

349. NARANJA

Fruta de la suerte, en especial para los amantes. Según historias folclóricas, si un joven da a su novia una naranja, su amor crecerá.

El azahar, flor del naranjo, es bien conocido como símbolo de fertilidad floral, y fue llevado a Europa por los combatientes que regresaron de las Cruzadas. La tradición de decorar a la novia con azahares comenzó en Francia y después llegó a Inglaterra, a principios del siglo XIX. Es símbolo de inocencia, y su fruto representa abundancia. Las novias incluyen azahares en sus ramos para atraer buena suerte y asegurarse de que el matrimonio tendrá hijos.

350. SALVIA

Se considera planta auspiciosa por muchas razones. Mejora la memoria, brinda sabiduría, repele el mal de ojo, reduce los dolores de parto, absorbe la negatividad y atrae la fortuna. A pesar de todos estos factores, ¡se cree que es de mala suerte plantarla en tu propio jardín! Lo mejor es conseguirla a través de alguien más.

Para pedir un deseo con esta planta, escríbelo en una de sus hojas, y quémala para que lo reciba el universo. Tus deseos se cumplirán, siempre y cuando tengas fe.

351. Docena del panadero o pilón

El término "docena del panadero" —o "pilón"—, no se refiere a doce artículos sino a trece. La expresión data, por lo menos, de hace quinientos años, pero se desconoce su origen. Es probable que entrara en uso cuando los panaderos incluían una treceava hogaza de pan en la compra de doce, para evitar que los acusaran de vender menos del peso acordado o de ser mezquinos. Recuerdo que a mi mamá le fascinaba que nuestro panadero nos diera "la docena" o "pilón", cada vez que comprábamos bollos, y creía era un buen augurio.

Cuando mi esposa y yo compramos granos de café en la tienda, el dueño los pesa con mucho cuidado, y luego añade un poco más. Él lo llama la "docena del panadero", pero mucha gente también conoce este excedente como "el pilón". Hoy en día se refiere a esa cantidad que los comerciantes dan de más para mantener una buena relación con los clientes. Cada vez que te den un "pilón" o la "docena del panadero", recuerda lo afortunado que eres.

352. Agujetas

No te preocupes si de repente notas en tus agujetas un nudo porque, ¡es señal de buena suerte para todo el día! Pide un deseo en silencio mientras amarras las agujetas a alguien más. Lo que sí es de mala suerte es usarlas de colores distintos. El negro con café es una combinación particularmente mala porque el negro es el color de la muerte, y el café de la tierra de los cementerios.

353. Zapatos

La tradición de atar una bota vieja a la parte trasera del auto nupcial surgió porque se solía creer que eran auspiciosos. Hoy en día puedes aumentar tu suerte sólo con pararte de puntitas en un nuevo par de zapatos. A veces los niños hacen esto sólo por diversión, pero es una práctica que originalmente tenía como objetivo generar buena suerte.

354. Plata

Seguramente sabes que es un metal auspicioso. La gente suele coleccionar artículos de este metal tanto por razones estéticas, como para asegurar su prosperidad en el futuro. Las monedas de plata y la plata antigua son objetos que los coleccionistas y los inversionistas buscan con ahínco por cuestiones económicas aunque a veces no tienen ni idea de que incrementan su buena suerte.

355. El dedal

En la actualidad ya es muy poco común que la gente confeccione su propia ropa, pero todavía se conservan algunas costumbres relacionadas con las prendas y la costura. Los dedales, por ejemplo, continúan regalándose para dar buena suerte a un ser querido. No obstante, es poco auspicioso que te den tres al mismo tiempo: significa que nunca te casarás. Mi abuela cosía trajes de novia y tenía una colección enorme de dedales regalados por sus clientas. Los guardaba en una vitrina en el taller donde cosía para atraer la buena suerte.

También es un buen augurio para el propietario de una prenda que la costurera pierda su dedal mientras trabaja en ella. Sin embargo, esto no aplica si la persona trabaja una prenda propia.

356. BAJO EL AUSPICIO DE LA LUNA LLENA

Un niño nacido bajo este auspicio será saludable, fuerte y afortunado toda su vida. Las niñas, hermosas y elegantes. También es de buena suerte casarse con luna llena o, por lo menos, dos días antes o después de este periodo. Se dice que esto garantiza fortuna y prosperidad. Asimismo, resulta muy promisorio una luna llena el día de la luna, es decir, el lunes.

357. SUEÑOS AFORTUNADOS

Es de buena suerte despertar y saber que soñaste, pero no recordar qué exactamente. Esto significa que el sueño era importante y la lección que te dio fue bien recibida por tu inconsciente.

Si recuerdas tus sueños, no deberás contárselos a nadie sino hasta después de haber desayunado.

358. ESTRECHAR MANOS

Las personas que hacen después de hacer un trato, como señal de que ambos tienen buenas intenciones. De manera simbólica también desean suerte porque dos manos unidas forman la señal de la cruz, que también se considera auspiciosa.

359. FLORECE DONDE FUISTE PLANTADO

Uno de los mejores comediantes de rutina *stand-up* vive en un pequeño pueblo y nunca acepta trabajo a más de cuatro horas manejando desde su casa. Cuando le pregunté por qué no expandía sus horizontes, me dijo: "Elegí florecer donde fui plantado." Nunca había escuchado esta frase, pero luego él me explicó que se relaciona con que mucha gente cree que sería más afortunada si viviera en otro lugar.

"La verdad es que no hay garantía de que tendría éxito si me fuera a Nueva York o Los Ángeles", me dijo. "Tendría que dejar familia y amigos, y ellos son una parte muy importante de mi vida. Aquí soy feliz y me va bien. Podría decirse que soy pez gordo en estanque pequeño, pero, ¿por qué habría de desarraigarme si no lo necesito?"

En efecto, no hay garantía de que tendrás más suerte en otra ciudad o país, así que, si eres feliz donde estás, no te mudes. Toma las oportunidades que se te presenten, trabaja con ahínco y crea tu propia suerte.

360. El pastel

Por tradición, los de bodas se preparan para darle buena suerte a la novia y el novio y, de paso, a los invitados. Una antigua costumbre dicta comerlo en todas las celebraciones, como en cumpleaños, por ejemplo, o al principio de cualquier proyecto o aventura nueva, para que todos los interesados tengan suerte.

Hubo un tiempo en que se preparaban amuletos de pastel para proteger a individuos o familias enteras. En su interior se colocaba una hoja de papel con textos del Evangelio de san Juan. Naturalmente, no se comían, se guardaban.[36]

361. El mandil

En el pasado, fue prenda fundamental en el atuendo de muchas mujeres, y se consideraba de buena suerte ponérselo al revés. De hecho, si de pronto notabas que tu día iba terriblemente mal, podías mejorarlo colocándote el mandil al revés.

362. Los dados

En todo el mundo hay gente que apuesta y juega con dados. Como se les usa con tanta frecuencia en juegos de azar, se han convertido en el símbolo más popular de la buena suerte. Un amigo, apostador empedernido, siempre lleva un par de dados porque así tendrá suerte y nunca se quedará sin dinero.

363. AL UNÍSONO

Lo más probable es que alguna vez hayas dicho algo exactamente al mismo instante que alguien más. Esta coincidencia o unísono se considera extremadamente auspiciosa para las dos personas; de hecho, es tan bueno que, antes de volver a hablar, ambos deben pedir un deseo en silencio.

364. ABRAZA UN ÁRBOL

Mucha gente acostumbra abrazarlos para sentirse con los pies en la tierra y conectarse con la energía de nuestro planeta. Hay también quienes lo hacen para atraer buena suerte. Si intentas esta técnica, elige uno que te agrade desde el punto de vista estético. La verdad es que no hay una forma correcta ni incorrecta de abrazar un árbol, así que solamente rodea su tronco con los brazos, inclínate sobre él, siéntate con la espalda contra la corteza o sólo acarícialo. Después te sentirás más tranquilo y relajado. Además, este cambio en tu perspectiva aumentará las probabilidades de buena suerte.

365. SUERTE HEREDADA

La "suerte heredada" es la que pasa de generación en generación. Se dice que trae fortuna a quien la cuide en su momento. Esta suerte por lo general viene en objetos pequeños como tacitas, cucharitas, platos u otros ornamentos regalados originalmente a alguno de nuestros ancestros. Para aprovecharla lo más posible, agradece con regularidad al objeto por incrementar la fortuna de tu familia. Cuídalo y, si te parece adecuado, exhíbelo en algún lugar de tu casa donde lo puedas ver constantemente.

Me parece que uno de los mejores ejemplos de suerte heredada se exhibe en el museo de Victoria y Alberto en Londres. Se trata de la Copa Edenhall, que perteneció a la familia Musgrove de Cumberland desde el siglo XV hasta 1958, cuando fue adquirida por el gobierno británico. Esta copa está hecha con cristal esmaltado cubierto de oro, y fue fabricada en Egipto o Siria en el siglo XIV.[37] En 1721, el Duque de Wharton estuvo a punto de terminar con la suerte de la familia porque la copa se le cayó de las manos. Por suerte el mayordomo la atrapó antes de que llegara al suelo.

Capítulo trece

Conclusión

A lo largo de la historia, todos, desde mendigos hasta reyes, han tratado de atraer la buena suerte; a pesar de la búsqueda permanente, la suerte continúa siendo elusiva y difícil de atrapar. De hecho, hoy sabemos muy poco más sobre este tema de lo que sabían los antiguos egipcios, griegos y romanos.

La suerte muestra cómo una persona recibe oportunidades auspiciosas, mientras otra, con habilidades similares, no tiene fortuna. Tanto el éxito de una como el fracaso de la otra, son producto de la suerte. También es voluble, y por eso parece ir y venir sin causa aparente; es decir, alguien podría ser muy afortunado un día y, al siguiente, no.

Mucha gente ha usado amuletos: el presidente Teodoro Roosevelt tenía una pata de conejo y Napoleón siempre llevaba consigo una moneda de la suerte; el presidente Barack Obama tiene varios amuletos, por cierto.[38] Y claro, siempre hay una buena razón para usarlos y portarlos. Un estudio universitario realizado en 2003 en el Reino Unido, demostró que la gente que porta amuletos y talismanes no solamente se sentía más afortunada: ¡también lo era![39] Esto se debe a que dan confianza a la gente, y la confianza aumenta, a su vez, las oportunidades de éxito.

La doctora Lysann Damisch de la Universidad de Colonia pidió a veintiocho estudiantes participar en un experimento.

A todos les dijeron que debían traer consigo un amuleto. Al llegar, los doctores se los quitaron para fotografiarlos, pero solamente a la mitad regresaron el suyo. A los otros les dijeron que hubo un problema con la fotografía y les darían sus objetos más tarde. Después se les solicitó hacer un examen parecido al juego de memoria, pero en computadora. A los que tenían sus amuletos les fue mejor que a quienes no.[40] Esto prueba que la gente cree en sus amuletos, y eso los hace funcionar.

El físico danés y ganador del Premio Nobel, Niels Bohr (1885-1962), tenía una opinión muy distinta. En una ocasión, un visitante del científico notó que tenía una herradura colgada sobre la puerta de su casa, y le preguntó si creía que el objeto le traía buena suerte. Según se cuenta, Bohr contestó: "Por supuesto que no. Pero me han dicho que funciona mejor si no crees en ella."[41]

Si no te sientes afortunado o afortunada, actúa como si lo fueras. Desarrollar y conservar un estado mental positivo te atraerá todas las buenas cosas que ofrece la vida.

Espero sinceramente que pruebes algunas de las ideas que aparecen en este libro, y decidas pronto ser afortunado.

¡Mucha suerte!

Lecturas sugeridas

La Sagrada Biblia, version de King James, Thomas Nelson Publishers, Nashville, Tennessee, 1984.

Aaronson, D., y Kwan, K., *Luck: The Essential Guide*, Harper Collins, Nueva York, 2008

Aczel, A. D., *Chance: A Guide to Gambling, Love, the Stock Market & Just About Everything Else*, High Stakes, Londres, 2005.

Alford, H., *How to Live: A Search for Wisdom from Old People (While They Are Still on This Earth)*, Hachette Book Group, Nueva York, 2009.

Andrews, C., *Amulets of Ancient Egypt*, British Museum Press, Londres, 1994

Bach, M., *The World of Serendipity*. DeVorss & Company, Marina del Rey, California, 1970.

Banks, S., *The Enlightened Gardener*. International Human Relations Consultants, Renton, Washington, 2001.

_____. *The Enlightened Gardener Revisited*, Lone Pine Publishing, Edmonton, Canadá, 2005.

Bechtel, S., y Stains, L. R. Stains. *The Good Luck Book*, Workman Publishing, Nueva York, 1997.

Begley, S., *Train Your Mind, Change Your Brain: How a New Science Reveals Our Extraordinary Potential to Transform Ourselves*, Ballantine Books, Nueva York, 2007.

Carr, A. H. Z. *How to Attract Good Luck and Make the Most of It in Your Daily Life*, Simon & Schuster, Inc., Nueva York, 1952.

Carus, P., *Chinese Thought: An Exposition of the Main Characteristic Features of the Chinese World-Conception*. Publicado por primera vez en 1907. Acceso en mayo de 2014. www.scribd.com/doc/107119743/ Carus -Paul-Chinese-thought-An-exposition-of-the-main-characteristic -features-of-the-Chinese-world-conception-1907.

Cheung, T., *Get Lucky! Make Your Own Opportunities*, Gill & Macmillan Ltd., Dublín, Irlanda, 2003.

Chopra, D., *The Spontaneous Fulfillment of Desire: Harnessing the Infinite Power of Coincidence*, Harmony Books, Nueva York, 2003.

Conwell, R. H. *Acres of Diamonds,* John Y. Huber Company, Filadelfia, 1890.

Cousins, N., *Anatomy of an Illness as Perceived by the Patient*, W. W. Norton, Inc., Nueva York, 1979.

Emmons, R. A. *The Psychology of Gratitude,* Oxford University Press, Nueva York, 2004.

_____. *Thanks! How the New Science of Gratitude Can Make You Happier,* Houghton-Mifflin Company, Nueva York, 2007.

Fukami, S., *Make Your Own Luck*, Tachibana Shuppan, Inc, Tokio, Japón, 1994.

Gittelson, B., *How to Make Your Own Luck*, Warner Books, Inc., Nueva York, 1981.

Gunther, M., *The Very, Very Rich and How They Got That Way*. Playboy Press, Chicago, 1972.

_____. *Instant Millionaires: The Secrets of Overnight Success*, Harriman House Ltd., Petersfield, Reino Unido, 2011. Publicado originalmente por Playboy Press, Chicago, 1973.

_____. *The Luck Factor: Why Some People are Luckier than Others and How You Can Become One of Them,* Harriman House Ltd., Petersfield, Reino Unido, 2009. Publicado originalmente por Macmillan and Company, Nueva York, 1977.

_____. *How to Get Lucky: 13 Techniques for Discovering and Taking Advantage of Life's Good Breaks*, Harriman House Ltd., Petersfield, Reino Unido, 2010. Publicado originalmente por Stein and Day, Nueva York, 1986.

Hutson, M., *The 7 Laws of Magical Thinking: How Irrational Beliefs Keep Us Happy, Healthy, and Sane*, Hudson Street Press, Nueva York, 2012.

Keoghan, P., y Berger, W., *No Opportunity Wasted*, Rodale, Inc, Emmaus, Pennsylvania, 2004.

Kunz, G. F., *The Curious Lore of Precious Stones*, J. B. Lippincott Company, Filadelfia, 1913.

Levine, L., *Wish It, Dream It, Do It: Turn the Life You're Living into the Life You Want*, Simon & Schuster, Inc., Nueva York, 2004.

Llopis, G., *Earning Serendipity: 4 Skills for Creating and Sustaining Good Fortune in Your Work*, Greenleaf Book Group Press, Austin, Texas, 2009.

Maxey, C., y Bremer, J., *It's Your Move: Dealing Yourself the Best Cards in Life and Work*, Prentice Hall, Upper Saddle River, Nueva Jersey, 2004.

Neill, M., *The Inside Out Revolution*, Hay House, Carlsbad, California, 2013.

Paine, S., *Amulets: A World of Secret Powers, Charms and Magic*, Thames & Hudson Ltd., Londres, 2004.

Pais, A., *Inward Bound: Of Matters and Forces in the Physical World*, Oxford University Press, Nueva York, 1986.

Park, L., *Get Out of Your Own Way: Unlocking the Power of Your Mind to Get What You Want*, Llewellyn Publications, Woodbury, Minnesota, 2007.

Piven, J., *As Luck Would Have It: Incredible Stories from Lottery Wins to Lightning Strikes*, Villard Books, Nueva York, 2003.

Radford, E. y M. A., *Encyclopaedia of Superstitions*, editada y revisada por Christina Hole, Hutchinson & Company, Londres, 1961.

Rescher, N., *Luck: The Brilliant Randomness of Everyday Life*, Farrar Strauss Giroux, Nueva York, 1995.

Richards, S., *Luck, Chance & Coincidence: The Mysterious Power of Luck—and How to Make Yours Better*, The Aquarian Press, Wellingborough, Reino Unido, 1985.

RoAne, S., *How to Create Your Own Luck,* John Wiley & Sons, Inc., Hoboken, Nueva Jersey, 2004.

Roberts, R. M., *Serendipity: Accidental Discoveries in Science*, John Wiley & Sons, Inc., Nueva York, 1989.

Robinson, Ken, con Aronica L., *The Element: How Finding Your Passion Changes Everything*, Viking Penguin, Nueva York, 2009.

Seligman, M. E. P., *Authentic Happiness: Using the New Positive Psychology to Realize Your Potential for Lasting Fulfillment*, Free Press, Nueva York, 2002.

_____. *Flourish: A Visionary New Understanding of Happiness and Well-Being*, Free Press, Nueva York, 2011.

Shapiro, E. C., y Stevenson H. H., *Make Your Own Luck: 12 Practical Steps to Taking Smarter Risks in Business*, Penguin, Nueva York, 2005.

Shenk, D., *The Genius in All of Us: Why Everything You've Been Told About Genetics, Talent, and IQ is Wrong*, Doubleday, Nueva York, 2010.

Smith, D., *The Lucky Bugger's Casebook: Tales of Serendipity and Outrageous Good Fortune*, Icon Books Limited, Londres, 2009.

Smith, Ed. *Luck: What it Means and Why It Matters*, Bloomsbury Books, Londres, 2012.

Summers, H., y Watson A., *The Book of Luck: Brilliant Ideas for Creating Your Own Success and Making Life Go Your Way*, Capstone Publishing, Chichester, Reino Unido, 2005.

Vinci, L., *Talismans, Amulets and Charms*, Regency Press, Londres, 1977.

Wallis B. E. A., *Amulets and Superstitions*, Oxford University Press, Londres, 1930.

Weaver, W., *Lady Luck: The Theory of Probability*, Heinemann Educational Books, Londres, 1964.

Weber, M., trans. Henderson, A. M., y Parsons, T., *The Theory of Social and Economic Organization*, Oxford University Press, Nueva York, 1947.

Webster, R., *101 Feng Shui Tips for the Home*, Llewellyn Publications, St. Paul, Minnesota, 1998.

____. *Amulets & Talismans for Beginners*, Llewellyn Publications, St. Paul, Minnesota, 2004.

____. *The Encyclopedia of Superstitions*, Llewellyn Publications, Woodbury, Minnesota, 2008.

____. *Feng Shui for Beginners*, Llewellyn Publications, St. Paul, Minnesota, 1997.

____. *Feng Shui for Love and Romance*, Llewellyn Publications, St. Paul, Minnesota, 1999.

____. *Write Your Own Magic*, Llewellyn Publications, St. Paul, Minnesota, 2001.

Weinstein, M., *The World of Jewel Stones,* Sir Isaac Pitman and Son, Londres, 1959.

Wilson, J. A., *The Culture of Ancient Egypt*, University of Chicago Press, Chicago, 1956.

Wiseman, R., *The Luck Factor: Change Your Luck—and Change Your Life*, Century Books, Londres, 2002.

Notas

Introducción

[1] Forster, E. M., *The Longest Journey*, Edinburgo y Londres, William Blackwood and Sons, 1907, pg. 212.

[2] Gunther, Max, *Instant Millionaires: The Secrets of Overnight Success*, Petersfield, Reino Unido, Harriman House Ltd., 2011 (publicado originalmente en 1973), p. 195.

[3] Damisch, Lysann, http://www.psychologicalscience.org/index.php/news/releases/keep-your-fingers-crossed-how-superstition-improves-performance.html

[4] Wargo, Erick, "The Many Lives of Superstition", en *Observer*, octubre de 2008. Disponible en línea en: http://www.psychologicalscience.org/index.php/publications/observer/2008/october-08/the-many-lives-of-superstition.html.

Capítulo Uno

[5] Neil, Michael, *The Inside Out Revolution*, Carlsbad, California, Hay House, Inc., 2013, p. 23.

[6] Begley, Sharon, *Train Your Mind, Change Your Brain: How a New Science Reveals our Extraordinary Potential to Transform Ourselves*, Ballantine Books, Nueva York, 2007, pp. 90-92, 110-111.

[7] Shenk, David, *The Genius in All of Us: Why Everything You've Been Told About Genetics, Talent and IQ is Wrong*, Doubleday, Nueva York, 2010, pp. 74-78.

[8] Maguire, Eleanor A., Woollett, Katherine, y Spiers, Hugo J., "London Taxi Drivers and Bus Drivers: A Structural MRI and Neuropsychological Analysis" (Hippocampus, 16, 2006), 1091-1101. http://www.fil.ion.ucl.ac.uk/Maguire/Maguire2006.pdf. *Ver también*: the

Knowledge, Oficina de Transporte público para Londres. http://www.tfl.gov.uk/businessandpartners/taxisandprivatehire/1412.aspx.

[9] "The Brain: How the Brain Rewires Itself", artículo de *Time Magazine*, enero 19 de 20017. Disponible en línea en: http://www.time.com/time/magazine/article/0,9171,1580438-1,00.html.

Capítulo Dos

[10] http://www.synergysuccessstrategies.com.au/admin/editor/uploaded/Metropolitan%20Life%20Case%20Study.pdf.

[11] Kilgallon, S., "What I Do", en el suplemento dominical del *Star-Times*, Nueva Zelanda, julio 22 de 2012, p. 34.

[12] Roberts, R. M., *Serendipity: Accidental Discoveries in Science*, John Wiley & Sons, Inc., Nueva York, 1989, pp. 1-3.

[13] http://www.healthassociatesllc.com/files/1352751786.pdf. También es posible encontrar más información en los libros del doctor Seligman: Authentic Happiness: Using the New Positive Psychology to Realice Your Potential for Lasting Fulfillment, Free Press, Nueva York, 2002; y Learned Optimism: How to Change Your Mind and Your Life, Free Press, Nueva York, 1994.

[14] Entre los libros de Robert Emmons se pueden encontrar: *The Psychology of Gratitude*, Oxford University Press, Nueva York, 2004; y *Thanks! How the New Science of Gratitude Can Make You Happier*, Houghton-Mifflin Company, Boston, 2007.

[15] http://www.iamthankful.com/science/gratitude-interventions-project-by-dr-robert-emmons.

[16] Walter Winchell le atribuyó la cita a J. J. Lerner en 1949, más de diez años antes de que fuera usada por Gary Player. http://quoteinvestigator.com/2010/07/14/luck/

[17] Conwell, R. H., Acres of Diamonds, John Y. Huber Company, Filadelfia, 1890.

[18] Max Weber traducido por A. M. Henderson y Talcott Parsons, *The Theory of Social and Economic Organization*, Oxford University Press, Nueva York, 1947, pg. 328. También véase: *On Charisma and*

Institution Building de Max Weber, editado por S. N. Eisenstadt, University of Chicago Press, Chicago, 1968.

[19] Wilson, J. A., *The Culture of Ancient Egypt*, University of Chicago Press, Chicago, 1956, p. 121.

Capítulo Tres

[20] Webster, R., *Write Your Own Magic*, Llewellyn Publications, St. Paul, Minnesota, 2001, p. 125.

[21] Ahmad ibn 'Ali al-Buni, citado en Credulities Past and Present, de William Jones, Chatto & Windus, Londres, 1880, pg. 240.

Capítulo Cuatro

[22] Kunz, G. F., *The Curious Lore of Precious Stones*, J. B. Lippincott Company, Filadelfia, 1913, pg. 307.

Capítulo Cinco

[23] Damisch, L., Stoberock, B., y Mussweiler, T., "Keep Your Fingers Crossed! How Superstitioin Improves Performance". Artículo publicado en *Psychological Science*, el 27 de mayo de 2010. Disponible en Inernet en: http://pss.sagepub.com/content/early/2010/05/27/0956797610372631.

[24] Aaronson, D., y Kwan, K., *Luck: The Essential Guide*, Harper Collins, Nueva York, 2008, p. 11.

[25] Vinci, L., *Talismans, Amulets and Charms*, Regency Press, Londres, 1977, pg. 45.

[26] *La Sagrada Biblia*, version de King James, Thomas Nelson Publishers, Nashville, Tennessee, 1984.

[27] Walliis B. E. A., *Amulets and Superstitions*, Oxford University Press, Londres, 1930, p. 490.

[28] Webster, R., *Omens, Oghams, and Oracles*, Llewellyn Publications, St. Paul, Minneapolis, 1995, pp. 22-23.

[29] Weinstein, M., *The World of Jewel Stones*, Sir Isaac Pitman and Son, Londres, 1959, p. 71.

[30] Andrews, C., *Amulets of Ancient Egypt*, British Museum Press, Londres, 1994, p. 50.

[31] Wallis, B. E. A., *Amulets and Superstitions*, Oxford University Press, 1930, p. 134.

Capítulo Siete
[32] Webster, Richard, *101 Feng Shui Tips for the Home*, Llewellyn Publications, St. Paul, Minnesota, 1998, pp. 2-3.
[33] Radford, E. y M. A., *Encyclopaedia of Superstitions*, editada y revisada por Christina Hole, Hutchinson & Company [Publishers] Limited, Londres, 1961, originalmente publicada en 1948, p. 333.

Capítulo Diez
[34] *Encyclopaedia Britannica, Macropaedia*, vol. 16, 15a ed., Encyclopaedia britannica, Inc., Chicago, 1983, p. 93.

Capítulo Doce
[35] http://www.totalprosports.com/2012/10/17/justin-verlander-rub-detroit-tigers-trainer-bald-head-good-luck-video/.
[36] Webster R., *Encyclopaedia of Superstitions*, Llewellyn Publications, Woodbury, Minnesota, 2008, p. 45.
[37] http://collections.vam.ac.uk/item/03311/the-luck-of-edenhall-beaker-and-case-unknown/.

Capítulo Trece
[38] http://www.time.com/time/politics/whitehouse/photos/0.27424.1811278.00.html.
[39] Wiseman, R., y Watt, C., Measuring Superstitious Belief: Why Lucky Charms Matter, http://www.good-luck-gifts.com/presents/images/stories/Documents/Lucky_charms-matter_-_Wiseman.pdf
[40] Derbyshire, David, "Lucky Charms DO Work: Study Proves They Increase Chance of Success", en el *Daily Mail,* Reino Unido, 15 de julio de 2010. http://www.dailymail.co.uk/sciencetech/article-1294985/Lucky-charms-DO-work-Study-proves-increase-chances-success.html.
[41] Pais, Abraham, *Inward Bound: Of Matters and Forces in the Physical World*, Oxford University Press, Nueva York, 1986, p. 210.

Photo © Jason Fell

Richard Webster nació y fue criado en Nueva Zelanda. Ha estado interesado en el mundo psíquico desde que tenía nueve años. Siendo adolescente se involucró en el hipnotismo y, poco después, se convirtió en hipnotista profesional y montó un espectáculo. Tras terminar la escuela trabajó en el ámbito editorial y compró una librería. El concepto de la reencarnación jugó un papel muy importante en su decisión de convertirse en especialista en vidas pasadas. Richard también ha impartido clases de desarrollo psíquico que se basan en muchos de sus libros.

Publicó su primer libro en 1972 y, con él, cumplió su sueño de la infancia de convertirse en autor. A la fecha ha publicado más de cincuenta libros y aún continúa escribiendo. Entre sus libros más vendidos se encuentran Ángeles guardianes y guías espirituales y *Visualización creativa: Imagina, logra tus metas y cumple todos tus sueños.*

Richard se ha presentado en varios programas de radio y televisión en Estados Unidos y el extranjero; entre ellos, *Hard Copy*, WMAQ-TV (Chicago), KTLA-TV (Los Ángeles),

KSTW-TV (Seattle) y *The Mike and Matty Show* (ABC). Actualmente vive en Nueva Zelanda con su esposa y sus tres hijos pero viaja con regularidad por todo el mundo para dar conferencias y talleres, y para continuar sus investigaciones.